바로 보고
바로 통하는

All New
SMART
여행영어 이수용

MENTORS

All New
바로 보고 바로 통하는
SMART 여행영어

2025년 01월 02일 인쇄
2025년 01월 10일 개정판 포함 5쇄 발행

지 은 이 이수용
발 행 인 Chris Suh
발 행 처 **MENT☉RS**

　　　　경기도 성남시 분당구 황새울로 335번길 10 598
　　　　TEL 031-604-0025 FAX 031-696-5221
　　　　mentors.co.kr
　　　　blog.naver.com/mentorsbook
　　　　* Play 스토어 및 App 스토어에서 '멘토스북' 검색해 어플다운받기!
등록일자 2005년 7월 27일
등록번호 제 2009-000027호
I S B N 979-11-94467-17-5
가　　격 16,800원(MP3 무료다운로드)

책 머리에

본 교재는 해외 여행자가 여행지에서 자신의 의사를 표현할 수 있도록, 여행 중 일어날 수 있는 상황을 체계적으로 분류하여 필요한 표현을 수록한 여행 영어 학습서 및 레퍼런스 북이다. 대상 독자는 미래에 있을 해외 여행에 대비하여 여행과 관련된 영어 표현 및 어휘를 미리 학습하고자 하는 사람, 또는 해외 여행을 계획한 후 현지인들과 의사 소통을 원활히 할 수 있는 영어 능력을 기르고자 하는 사람들이다. 교재의 내용은 초급자들이 상황에 즉시 활용할 수 있는 쉽고 간결한 문장에서부터, 중급 이상의 실력자들을 위한 세련된 고급 문장에 이르기 까지 다양한 구문 및 표현들로 구성되어 있다.

본 교재의 특징은

- • 주제별 분류 : 여행 중 필요한 표현들을 주제별로 분류하여 구성했다.
- • 초급자에서 중급자까지 : 초급자들이 사용할 수 있는 쉽고 간결한 표현에서부터, 중급자들을 위한 수준있고 세련된 표현에 이르기까지 다양한 문장들을 수록했다.
- • 여행 정보 : 반드시 알고 있어야 할 해외 여행과 관련된 정보를 수록했다.
- • 녹음 파일 : 녹음 파일을 지원하여 정확한 발음을 듣고 연습할 수 있게 했다.
- • 급할 땐 단어 하나로 : 경우에 따라 단어 하나로 인해 어려움을 해결할 수도 있다. 가령 목이 마를 때는, 'Water, please.'로 또는 화장실이 급할 때는 'rest room'이나 'toilet'과 같은 단어를 표현하는 것만으로 상대방에게 본인이 무엇을 원하는지 알려 줄 수 있다. 각 Unit의 Travel Vocabulary난은 주제별로 꼭 알아 두어야 할 중요 단어들을 수록했다.
- • 상황 대화 : 주제별로 가상 상황을 설정하여 실제로 일어날 수 있는 대화의 예를 수록했다
  – Situation Dialog.
- • 꼭 알아 들어야 하는 필수 표현 Listening 연습 : 대화에서는 무엇보다 상대방의 말을 정확하게 듣고 이해하는 것이 중요하다. 이를 위해 각 Unit의 후반에 Survival Listening 난을 실었다. 여기서는 주어진 상황에서 상대방으로부터 듣게 될 표현들, 또는 반드시 알아 들어야 하는 표현들을 수록하여, 청취 연습을 할 수 있게 했다.

본 교재를 활용하는 방법은 두 가지이다. 첫째는. 당장은 해외 여행 계획이 없지만 미리 구입하여 차근차근 체계적으로 여행 관련 표현이나 어휘를 학습하는 것으로, 학습 효과가 가장 높게 나타날 수 있는 방법이다. 둘째는, 여행 일정이 잡혀 있는 경우, 최소 여행 1개월 또는 2개월 전에 구입하여 학습하거나, 또는 여행 시에 휴대하여 필요한 상황이나 경우에 그때 그때 참고하는 reference book으로서 활용하는 방법이다. 여행시 reference book으로 사용하는 경우에도, 미리 교재의 내용을 한 번 읽어둔다면 훨씬 더 효율적으로 활용할 수 있을 것이다.

아무쪼록 본 교재가 여행자 여러분들의 해외 여행의 동반자가 되어 즐겁고 기억에 남는 여행을 하는데 도움이 될 수 있기를 바란다.

지은이

교재의 구성 🛟

여행 장소에 따라 일어날 수 있는 상황들을 주제 별로 분류하여, 필요한 대화와 표현들을 정리했다. 핵심 표현인 **Key Expressions**와 응용 확장 표현인 **Further Expressions**에서 기본 및 응용 표현들을 학습하고, **Situation Dialog**에서는 실제 상황에서 일어날 수 있는 대화의 예를 통해 응용력을 익히고, **Survival Listening**에서는 중요 표현들의 청취 연습을 한다.

HOW TO STUDY 🧺

1. Travel Vocabulary

주제별로 사용 빈도가 높은 어휘들을 수록했다. 자신이 생각하는 것을 표현할 수 있는, 그리고 상대방의 말을 정확하게 이해할 수 있게 하는 기초어휘력을 기르는 난이다.

📍 TRAVEL VOCABULARY

- **beverage** 음료
  non-alcoholic beverage 비 알콜성 음료
  liquor 술, 독한 술
- **chef** 요리사, 주방장
  sous chef 부주방장

- **tip** 팁, 사례금
- **rare** (스테이크) 설익은
  medium-rare 약간 덜 익은
  medium 중간 정도로 익은
  well done 완전히 익은

2. Key Expressions

Unit 분류에서 가장 핵심이 되는 표현이다. 사용 빈도가 높은 표현이므로 가능한 문장을 그대로 암기할 것을 권한다. 문장을 이해한 후, 반드시 소리를 내어 표현하는 연습을 해야 한다.

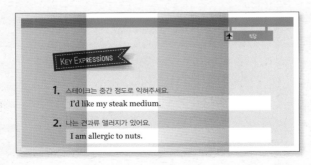

✈ 식당

KEY EXPRESSIONS

1. 스테이크는 중간 정도로 익혀주세요.
I'd like my steak medium.

2. 나는 견과류 앨러지가 있어요.
I am allergic to nuts.

3. Further Expressions

Key Expressions의 문장에 대한 해설과 함께 변형 및 응용 예문들을 수록했다. 초급자를 위한 짧고 간략한 표현에서부터 중급자 이상이 사용할 수 있는 고급 표현에 이르기까지 다양한 문장들이 제시된다.

4. Situation Dialog

주제별로 가상상황을 연출한 대화의 예이다. 두사람이 주고 받는 대화연습을 통해 실제상황에 대응할 수 있는 적응력 및 응용능력을 기르는 것이 목적이다.

5. Survival Listening

주제별로 분류된 상황에서 대화의 상대방으로부터 들을 수 있는 표현을 듣고 이해하는 청취 연습이다. 대화는 표현하는 것만큼 상대방의 말을 정확하게 이해하는 것도 중요하다. 따라서 녹음을 듣고 완벽하게 이해할 수 있을 때까지 반복해서 청취해야한다.

CONTENTS

Trouble Free Travel English!

TRAVEL INFORMATION

여행 정보

꼭! 확인하고 출발하자!

1. 여권
2. 비자
3. 항공권
4. 숙소
5. 숙소의 종류
6. 교통

7. 여행 패스 (Travel pass)
8. 환전
9. 여행자 보험
10. 짐 꾸리기
11. 여행할 때의 옷차림
12. 주요 국가 긴급 연락처

여권

여권은 해외에서 여행객의 신분을 증명하기 위한 ID로서 여행자의 국적 및 주요 인적 사항이 기록되어 있다. 여권을 소지한 사람이 외국에서 대한민국 국민임을 증명하고 여행의 목적을 표시하여 여행을 하는 동안 편의와 보호에 대한 협조를 받을 수 있도록 하기 위해 발급된다. 출입국 시 외에도 해외의 은행이나 관공서 등에서 여러 가지 용도로 사용될 수 있으므로 항상 휴대해야 한다. 여권 발급은 외무부 여권과, 각 시청, 도청, 또는 구청에서 신청할 수 있다.

⊕ 여권 신청시 구비서류

- 여권신청서 (발급기관에 비치되어 있음)
- 여권용 칼라사진 2매 (여권싸이즈 3.5 X 4.5cm)
- 주민등록증 또는 운전면허증

⊕ 여권의 종류

- **단수여권** : 1회에 한하여 국외여행할 수 있는 여권 (유효기간 – 1년)
- **복수여권** : 여권발급일부터 여권만료일까지 횟수에 상관없이 국외 여행할 수 있는 여권 (유효기간 – 성인 10년 / 18세 미만 5년)

※ 여권의 종류, 기간, 수수료 등 자세한 사항은 외교부 홈페이지 참고 (http://www.passport.go.kr)

⊕ 여권을 지참해야 하는 경우

- 비자 신청 시
- 현지 입국 및 귀국 수속 시
- 면세점에서 면세상품 구입 시
- 출국 수속 및 항공기 탑승 시
- 국제 운전면허증을 만들 때
- 환전할 때

🌐 여권을 분실했을 때

분실한 곳에서 가까운 경찰서로 가서 Police Report(분실증명확인서)를 발급받은 후, 여행지의 현지 공관(대사관 또는 영사관)을 찾아가 임시 여행 증명서를 발급받는다.

1. 여권용 사진 2장
2. 여권 분실 증명서
3. 여권 번호와 발행 년/월/일, 여권을 교부받은 시, 도 명

※ 여행 증명서만으로는 다음 여행지로 이동이 불가능하며, 계속 여행을 하려면 서류안의 경유지란에 다음 목적지를 작성해야 한다. 분실된 여권이 위조 또는 변조 등의 목적으로 사용되어 본인에게 피해가 갈 수 있다. 따라서 안전한 곳에 보관하고 분실하지 않도록 항상 주의를 기울여야 한다. 만약의 경우를 대비해 여행 전 여권을 복사하여 사본을 따로 보관하고 우리 공관의 주소 및 연락처를 기록해둘 것을 권한다.

비자

비자는 방문하고자하는 국가의 정부에서 방문객의 입국을 허가해주는 일종의 체류 허가증이다.

비자가 없는 경우 입국을 거절당할 수 있으므로, 여행계획을 세우고 방문국이 결정되면, 그 나라에서의 비자 필요 여부를 반드시 확인해야 한다. 비자를 필요로 하는 국가의 경우 방문 목적과 체류 기간에 따라 제출해야할 서류가 다를 수 있다.

※ 우리나라와 비자 면제 협정을 맺고 있는 나라를 여행할 때는 비자를 미리 받을 필요가 없다. 그러나 이 국가들 역시 허용 기간을 초과해서 체류할 때는 체류 목적에 맞는 비자를 반드시 받아야 한다.

🌐 비자 면제 국가를 여행할 때 주의할 사항

비자 면제 제도는 단기간의 관광이나 비즈니스 또는 경유일 때 한해 적용된다. 그러므로 비자 면제 국가를 여행할 계획이더라도 자신의 여행 목적과 기간이 그 나라의 비자 면제 사항에 해당이 되는지, 방문국의 주한 공관 홈페이지를 통해 반드시 미리 확인해야 한다.

※ 미국 입국시에는 ESTA라는 전자여행 허가를 사전에 신청해서 받아야 한다.

※ 영국의 경우, 입국 심사대에서 신분 증명서, 재직 증명서, 귀국 항공권, 여행 계획 및 숙소 정보 등을 요구할 수 있다.

🌐 무비자 입국이 가능한 주요 국가들의 단기 체류 기간

· 미국 – 90일   ※ 전자여행허가(ESTA) 사전 신청 필요

· 캐나다 – 6개월   ※ 전자여행허가(eTA) 사전 신청 필요

· 영국 – 6개월   ※ 협정상의 체류기간은 60일이나 최대 6개월 무비자 입국 허용

· 독일, 네덜란드, 프랑스 – 90일

· 그리스, 이탈리아, 오스트리아 – 90일

· 호주 – 90일   ※ 전자여행허가(ETA) 신청 필요

· 뉴질랜드 – 90일

· 필리핀 – 30일

· 홍콩 – 90일

· 일본 – 90일

※ 무비자 입국이 가능한 국가 및 체류 기간에 관한 상세 정보는 외교부 홈페이지 참고

항공권

⊕ 항공권 구매

항공권은 여행사를 방문하거나 본인이 직접 인터넷으로 구매할 수 있다. 인터넷으로 구매할 경우, 항공권 가격 비교 사이트에 들어가 목적지, 출발일 그리고 귀국일을 선택하면 항공사 및 여행사별 요금이 나온다. 그 중 자신에게 가장 적합한 것을 선택해서 예약을 하면 된다. 최근에는 항공사 홈페이지를 통한 직접 판매도 증가하고 있는 추세이다. 항공사 홈페이지를 통해 항공권을 구입하면 여행사 수수료가 절약되어 가격이 저렴할 수 있다. 왕복 항공권의 경우 동일한 노선이라도 체류 기간에 따라 요금이 다르다. 즉, 체류 기간이 길 수록 요금이 비싸진다. 성수기와 비수기에 따른 가격 할인이 있으며, 단체 여행객인 경우에도 할인을 받을 수 있다.

⊕ 직항 노선 vs 경유 노선

일반적으로 직항 노선 보다는 경유 노선의 가격이 더 낮다. 항공료 외에도 경유지에서의 체류가 가능하기 때문에 시간적 여유가 있는 배낭 여행객라면 경유 노선을 선택하는 것도 추천할 만하다.

⊕ 할인 항공권

해외 항공권은 정상 가격의 항공권과 할인 가격으로 판매하는 할인 항공권이 있다. 할인 항공권은 정상 가격의 30%-70%까지 할인된 항공권으로 대개 유효기간이 제한되어 있고, 출발 날짜 변경 불가, 노선 변경 불가, 환불 불가 등의 제약이 많이 따른다. 그러나 비

행기에 탑승했을 때 정상 항공권의 승객과 차이가 있는 것은 아니므로 자신의 여행 일정에 꼭 맞는 할인 항공권을 발견했다면 망설일 필요는 없다. 할인 항공권은 항공사 또는 온라인 여행사의 홈페이지에서 수시로 찾을 수 있다.

⊕ 유효기간

항공권을 구입할 때 출발일과 귀국일을 지정해야 한다. 항공권의 유효기간은 출발일을 기준으로 정해진다. 귀국 날짜를 정하지 않고 오픈으로 발권하는 경우, 최소한 체류하는 개월 수는 결정을 해야 하며 그 기간의 길이에 따라 항공료가 달라진다 (예: 3개월, 6개월, 12개월). 왕복권의 최대 유효기간은 12개월이다.

⊕ 취소와 변경

항공권의 취소 및 변경에는 패널티 금액이 부과된다. 따라서 가능한 정해진 날짜에 맞추어 여행을 진행하는 것이 비용을 절약하는 방법이다. 항공권에 따라 취소 및 변경이 불가능한 경우가 있으며, 환불이나 유효 기간을 연장하는 것은 높은 페널티를 지불해야 한다. 유효기간 내로 일정을 변경하더라도 페널티 금액은 부과된다.

⊕ 할인 카드

신용카드로 결제하는 경우 할인 혜택을 받을 수 있다. 카드 회사에 따라 연회비와 할인율이 다르므로 해외 여행을 자주 하는 사람이라면 자신에게 적합한 신용카드를 선택해서 사용하는 것이 좋다.

⊕ 마일리지

회원 가입을 한 후 동일한 항공사를 계속해서 이용했을 때, 탑승 횟수와 거리에 따라 포인트를 적립받는 것을 말한다. 적립된 마일리지로 항공권을 발급받거나 좌석 승급, 또는 초과 수하물 보너스 등의 혜택을 받을 수 있다.

숙소

⊕ 숙소 예약

여행 일정이 구체적으로 정해졌고 항공권이 확보되었다
면, 다음 단계는 숙소 결정이다. 숙소 예약은 한 달 정도
전에 하는 것이 일반적이지만, 여행하는 시기가 성수기
이거나, 방문 장소가 관광객들이 많이 몰리는 도시, 또는
행사나 축제 등이 열리는 곳이라면 숙소가 일찍 매진이
될 수 있으므로, 2-3 개월 전에 미리 항공권과 숙소 예
약을 함께 해두는 것이 안전하다.

⊕ 숙소 위치

숙소의 위치 또한 중요한 요소이다. 관광할 장소가 정해졌다면 가능한 가까운 곳에 위치
한 숙소를 정하는 것이 좋다. 숙박료가 조금 비싸더라도 교통비가 적게 든다면, 결국 전체
비용은 절약된다. 지하철이나 버스 터미널, 또는 기차역의 접근성 여부도 여행 중 이동을
편리하게 하는 중요한 요인이 된다.

⊕ 먼저 다녀간 여행객들의 의견 및 후기 참고

인터넷의 발달로, 전 세계 어느 도시이건 그곳의 숙소 정보를 쉽게 구할 수 있다. 숙소를
결정하기 전에 먼저 다녀간 여행객들의 의견 및 후기를 자세히 읽고 참고한다.

⊕ 숙박 요금 및 부대 시설

위 사항들을 종합하여 선택 순위에 드는 숙소의 리스트를 작성하고, 숙박 요금과 부대 시
설 등을 꼼꼼이 살펴보고 서로 비교한 후, 자신에게 가장 적합한 숙소를 최종 선정한다.

숙소의종류

🌐 유스 호스텔 (Youth hostel)

독일에서 처음 시작된 숙박시설의 형태로, 현재 전 세계 73개국에서 6천 여 개 이상 운영 중이다. 호텔과 대비되는 개념으로 청소년들에게만 한정된 것이 아니므로 호스텔이라고 부르기도 한다. 숙소는 2층 침대로 이루어진 4–12 인실 도미토리 형태가 주를 이루고 있으며, 호스텔에 따라서 일인실, 이인실, 또는 가족실이 제공되는 곳도 있다. 24시간 개방하는 호텔과는 달리 저녁 11시 이후  출입이 제한되며 체크인 시간이 정해져 있다. 투숙객을 위한 공동 주방이 있어 근처 시장이나 수퍼마켓에서 식재료를 사서 직접 음식을 해먹을 수 있는 장점이 있다.

🌐 게스트하우스(Guest house)

외국인 여행자에게 저렴한 가격으로 숙소를 제공하는 숙박시설이다. 숙박료가 저렴해 배낭 여행객들에게 특히 인기가 있다. 단독 주택이나, 연립 주택, 또는 아파트의 빈방을 활용해 숙박객을 받는 민박 형태의 숙박 시설이다.

🌐 비앤비 (B&B - Bed and breakfast)

영국과 북미, 아일랜드, 뉴질랜드, 호주 등 주로 영어권 국가에서 볼 수 있는 숙박 시설이다. 숙박과 아침 식사를 제공하는 소규모 민박집이다. 개인 가정의 침실과 객실을 활용하는 숙박 형태로서, 그 지역의 가정식이나 전통 음식을 먹을 수 있으며 가정적인 분위기를 즐길 수 있다. 가격 또한 비교적 저렴하다.

🌐 Hotel

호텔은 등급에 따라 시설도 다르며 가격 또한 다양하다. 호텔의 등급은 별의 개수로 매겨 나누어지고, 별이 많을 수록 고급 호텔로 여겨진다. 호텔에서 숙박하기로 한 경우, 본인의 여행 경비에 맞은 등급의 호텔을 검색한 후 위치, 시설, 서비스 및 교통편 등을 고려해서 자신에게 가장 적합한 호텔을 선택한다. 그 후 직접 해당 호텔의 웹사이트에 접속하여 온라인으로 원하는 날짜와 기간의 예약을 할 수 있다. 또한 인터넷을 통해 다양한 종류의 호텔 가격 비교 사이트를 찾을 수 있으므로, 이를 최대한 활용하여 자신의 목적과 경비에 맞는 호텔을 결정한다.

※ 참고 자료: 위키 백과, 네이버 지식 백과

교통

국가간 또는 도시간의 이동은 지역에 따라 편리한 교통 수단이 다르므로, 여행 출발전 방문지와 이동지의 교통 수단에 관한 정보를 미리 파악해 두어야 한다.

🌐 영국 런던

런던 시내에서 하루 종일 무제한 사용할 수 있는 1 day travel card와 일주일 동안 무제한 사용할 수 있는 7 day ticket (Weekly ticket이라고도 함)이 있다. 런던의 지하철, 국철, 및 버스를 travel card한 장으로 모두 이용할 수 있으며 여행 할 수 있는 지역(zone)의 범위에 따라 가격이 달라진다. 이 travel card가 있으면 테임즈 강 크루즈 투어와 에미레이트 항공 케이블 카를 탈 때 할인을 받을 수 있다.

- **Zones 1−2** : 런던 중심지와 대부분의 관광지가 포함된다.
- **Zones 1−4** : 런던 교외 지역이 포함된다. 웸블리 스타디움과 매년 국제 테니스 경기
  가 열리는 윔블던 테니스 클럽이 zone 4 지역에 속한다.
- **Zones 1−6** : 런던의 전 지역이 속한다. 히드루 공항과 런던 시티 공항까지 범위에 들
  어간다.

🌐 프랑스 파리

파리에서는 일반 1회용 티켓이 있으며, 파리의 지하철 버스 그리고
전차(tram) 등의 대중 교통을 이용할 수 있다. 티켓을 처음 사용한
후 한 시간 반 이내에는 지하철이나 버스 등으로 환승도 가능하다.
- **까 르 네** : 1회용 티켓을 10개 묶음을 '까르네'라고 한다.
- **모 빌 리 스** : 하루 동안 사용할 수 있는 정액권이다. 런던과 마찬가지로 zone별로 가
  격이 달라진다. 유효기간은 티켓을 사용한 날의 자정인 24시까지이다.
- **파리 비지트** : 파리 관광객에게 판매하는 정액권이다. 5일까지 정액 기간을 설정할 수
  있으며 구간 설정은 1−3 존과 1−5존 두 종류가 있다.

여행패스(Travel pass)

자유 여행자들을 위해 여러 가지 혜택이 하나로 압축된 카드이다. 일정 기간 동안 대중 교통을 무제한 이용하거나 유적지나 박물관 등을 무료 또는 할인 가격으로 입장할 수 있다. 패스를 처음 사용한 시간부터 24시간까지를 1일로 계산하거나 혹은 당일 24시까지 1일로 계산하는 경우가 있으므로, 사용전 미리 확인을 해두는 것이 좋다. 항공권과는 달리 분실시에는 재발급 또는 환불이 불가능하므로 분실하지 않도록 주의해야 한다.

🌐 유럽 여행시 구입할 수 있는 여행 패스의 예

• 런던 패스 (영국)

런던 여행자들을 위한 상품이다. 원저성, 런던 타워, 웨스터민스터 사원 등 50 여곳의 관광지와 템즈강 크루즈, 런던 동물원 등을 입장할 수 있다. 런던 패스만 구입할 수도 있으나 Travel card를 함께 구입하면 런던 시내 교통수단을 1-6존 내에서 무제한 이용할 수 있다. 런던 도착전에 미리 구입하는 것이 좋다. 이 경우 공항에서 런던 시내까지의 지하철도 무료로 이용할 수 있기 때문이다.

• 파리 뮤지엄 패스 (프랑스)

파리 여행객들을 위한 상품이다. 루브르 박물관, 퐁피두 센터, 로댕 박물관, 베르사이유 궁전 등 파리 시내와 파리 근교의 관광지 70 여곳을 무료로 입장할 수 있다. 여행 일정에 따라 2일권, 4일권, 그리고 6일권 중에서 선택할 수 있다.

· 베를린 웰컴 카드 (독일)

베를린의 대중 교통을 무료로 이용할 수 있고, 주요 관광지의 입장료를 할인받을 수 있는 상품이다. 버스, 지하철, 및 전철을 모두 이용할 수 있으며 베를린 장벽 박물관, 포츠담 광장, 샤를로텐부르크 궁전 등에서 최소 25%에서 최대 50%까지 할인 받을 수 있다. 그외에도 정해진 레스토랑과 카페, 그리고 클럽에서 최대 50%까지 할인이 가능하다. 카드의 종류는 다섯 가지로, 처음 사용을 시작한 시간이 기준이 되는 48시간권과 72시간권이 있으며, 하루 단위로 계산하는 4일권과 5일권 그리고 6일권이 있다.

· 로마 패스 (이탈리아)

로마 패스는 로마 시내의 버스, 지하철, 철도를 이용할 수 있다. 2일권과 3일권이 있으며 유적지와 미술관 등에 2일권은 1회, 3일권은 2회까지 무료 입장할 수 있다. 그 다음부터는 입장료 할인을 받을 수 있다. 장소 이동만이 목적이라면 로마에서는 패스를 사용하지 않더라도 1일권을 구입하면 당일 24시까지 대중 교통을 무제한 사용할 수 있다.

· 유레일 패스

영국을 제외한 유럽국가들의 국유철도를 정해진 기간 동안 횟수와 상관없이 무제한 이용할 수 있는 승차권이다. 일부 사설철도나 버스 또는 선박도 무료 또는 할인으로 이용할 수 있는 혜택도 주어진다. 유효 기간은 3개월에서 6개월 까지, 4세에서 11세까지의 어린이는 반액 할인이 된다
유레일패스는 출발 전에 자국에서 구입해야 한다.

🌐 유레일 패스의 종류

· 유레일 글로벌(Global) 패스

유럽 28 개국의 국유철도를 일정 기간 동안 무제한 사용할 수 있는 승차권이다(Austria, Belgium, Bosnia Herzegovina, Bulgaria, Croatia, Czech Republic,

Denmark, Finland, France, Germany, Greece, Hungary, Ireland, Italy, Luxembourg, Montenegro, the Netherlands, Norway, Poland, Portugal, Romania, Serbia, Slovak Republic, Slovenia, Spain, Sweden, Switzerland and Turkey).

ㆍ유레일 셀렉트(Select) 패스
유럽구가들 중 인접한 국가를 지정하여 그 국가들의 국철을 원하는 기간만큼 무제한 탑승할 수 있다. 2개국에서 4개국까지 선택 가능하며, 패스에는 1등석과 2등석의 구분이 있다.

ㆍ유레일 원컨추리(One country) 패스
유럽 국가 1 곳을 지정 그 국가의 국유철도를 이용할 수 있는 승차권. 이탈리아, 스페인, 프랑스 등 인기있는 한 국가를 지정하여 집중적으로 다니고 싶을 때 유용한 승차권이다.

ㆍ유레일 플렉시(Flexi) 패스
패스 첫 개시일로부터 2개월 동안 지정된 날짜만큼 선택적으로 사용하는 승차권으로, 총 10회 (10일) 사용 가능하다. 연속적으로 사용하지 않아도 되므로 일정이 여유로운 여행객에게 적합하다.

ㆍ유레일 세이버(Saver) 패스
단체 할인 승차권이다. 2명 이상 5명까지의 승객이 같은 일정으로 여행하는 조건으로 제공된다.

ㆍ유레일 유스(Youth) 패스
첫 탑승일을 기준으로 만 26세 미만의 여행자를 위한 승차권

이외에도 미국, 캐나다, 호주, 그리고 일본, 싱가포르 등의 동남아 주요 도시에서도 관광객들을 위한 패스를 판매하고 있으므로, 본인이 방문하는 도시나 지역에서 어떤 종류의 패스 상품을 제공하고 있는지, 출발전 인터넷 또는 여행사를 통해 자세히 알아 볼 것을 권한다.

환전

환전은 해외 여행자가 자국 화폐를 방문 국가의 화폐로 교환하는 것을 의미한다. 환전은 은행이나 공항 지점, 또는 사설 환전소 등에서 할 수 있다. 환전할 때는 일정한 비율의 수수료가 부과되는데, 환전하는 장소에 따라 그 적용 비율이 달라진다. 수수료는 사설 환전소가 가장 비싸며, 그 다음 은행의 공항 지점, 그리고 은행 순이다. 은행도 은행 마다 수수료 적용율이 다르기 때문에 사전에 충분히 조사를 한 후 거래 은행을 결정할 것을 권한다. 각 은행에서는 고객 유치를 위해 환율 우대 쿠폰을 제공한다. 이 쿠폰이 있으면 은행에서 수수료를 할인받을 수 있다.

🌐 환전시 주의 사항

1. **가능한 한 공항에서의 환전은 피한다**
   같은 은행이라고 하더라도 공항에 위치한 지점에서는 높은 수수료가 적용된다.

2. **주거래 은행을 이용한다**
   개인이 주로 이용하는 주거래 은행의 경우 은행 이용 실적이나 고객 등급에 따라 환전 우대를 적용해준다.

3. **은행 환전 시 반드시 우대 쿠폰을 지참한다**
   국내 대부분의 은행에서는 온라인으로 환율 우대 쿠폰을 제공하고 있다. 프린트로 출력해서 가지고 가면 쿠폰에 기록된 우대율만큼 할인이 가능하다. 주거래 은행에 가더라도 반드시 쿠폰을 지참할 것을 권한다.

여행자 보험

해외 여행시 예기치 못한 사고에 대비하기 위해 반드시 여행자 보험에 들어야 한다. 비용은 본인이 우선 지불하고 귀국 후 보상을 받는다. 의료비가 상대적으로 높은 미주 지역을 여행하는 경우 보상 한도가 높은 보험을 추가로 드는 것이 안전하다. 분실이나 도난의 경우 police report를, 그리고 질병이나 상해의 경우 해당 지역의 의료기관에서 진단서 및 치료 확인서를 받아 와야 한다.

🌐 여행자 보험에 관한 상식

1. 여행 기간 동안 보장되는 소멸성 보험이며, 가입 비용이 높을 수록 보장 내용이나 금액이 많아진다.
2. 비슷한 약관인 경우 보험사 간 가격 차이는 거의 없는 수준이다.
3. 가입자의 연령에 따라 보험 금액과 보장 내용이 다르다.
4. 현금이나 수표 또는 신용카드나 항공권 등은 보험에 적용되지 않는다.
5. 여행 출발 후 보험 가입은 불가능하므로 출발 전 미리 가입해야 한다.

짐 꾸리기

여행의 목적, 종류, 그리고 기간에 따라 필요한 물품의 종류가 다를 것이다. 그러나 가능한 한 짐은 적을 수록 좋다. 그렇다고 꼭 필요한 것들을 가져 가지 않을 수 없으므로, 없어서는 안되는 것들부터 순서대로 목록을 작성하여 정리한다. 귀중품이나 보석은 1차적으로 제외시키고, 현지에서 구입할 수 있는 소모품 또한 제외 대상이다.

여권, 항공권, 현금, 신용카드와 여행시 필요한 서류는 빠트리지 않도록 주의하고, 휴대용 가방이나 입고 가는 옷의 안 쪽 주머니 등에 안전하게 보관한다.

여권과 항공권 사본을 따로 보관하고, 신용카드 번호, 여행자 수표의 구입 날짜와 번호를 노트에 기록해둔다. 만약의 경우에 대비해 여행사, 항공사 그리고 현지 한국 대사관의 연락처도 갖고 있는 것이 안전하다.

 신발은 새 것보다는 평소 신었던 신발이 발에 익숙해져 있어 걷기에 편안하다. 굽이 높은 구두 보다는 통풍성과 쿠션이 좋은 운동화를 신는다. 여행하는 계절이 여름이라면 가벼운 샌들도 여분으로 준비하는 것이 좋다.

여행할때의 옷차림

🌐 옷은 너무 많이 가져가지 않도록 한다!

호텔이나 숙소에 빨래를 할 수 있는 시설(laundrette: 빨래방)들이 있으며, 필요한 경우 여행지에서 구입할 수도 있다. 오픈 마켓이나 쇼핑센터 등을 돌아다니다 보면 의외로 저렴한 가격에 필요한 옷을 구입할 수 있는 경우가 많다.

🌐 여행을 출발하기 전에 여행 목적지의 날씨를 확인하는 것은 필수!

지역에 따라 아침 저녁의 기온차가 심해 여름이라도 날씨가 춥거나 쌀쌀해지는 경우가 있으므로 계절에 상관없이 두꺼운 겨울 옷을 한 벌 정도는 준비해야 한다: 긴팔 티셔츠와

점퍼 또는 패딩. 특히 산악지역을 여행할 때는 그 곳의 날씨와 최고 및 최저 온도를 반드시 확인한 후 필요한 옷을 준비해야 한다.

주요국가 긴급 연락처

🌐 유럽

국가	경찰서	구급차	화재
영국	999	999	999
프랑스	17, 112	15, 112	18, 112
독일	110	112	112
네델란드	112	112	112
벨기에	112	112	112
오스트리아	112, 133	112, 144	112, 122
스위스	112, 117	112, 144	112, 118
체코	112, 158	112, 155	112, 150
스웨덴	112	112	112
덴마크	112	112	112
이탈리아	112. 113	118	115

🌐 북미

국가	경찰서	구급차	화재
미국	911	911	911
캐나다	911	911	911

🌐 오세아니아

국가	경찰서	구급차	화재
호주	000	000	000
뉴질랜드	111	111	111

※ 자료 출처: 위키 백과

Chapter 01

공항에서

공항에서 당황하지 말자!

공항에서

Unit 1

기내 탑승

📍 TRAVEL VOCABULARY

- **check in** 탑승 수속을 밟다
  * 호텔 체크인할 때와 같은 표현
- **board / embark** 승선하다
  boarding pass 탑승권
  boarding time 탑승 시간
- **carry-on bags / carry-on luggage** 기내 휴대용 가방
- **first class** 일등석
  business class 비즈니스석
  economy class 일반석
- **aisle** 통로
  aisle seat 통로 쪽 좌석
  window seat 창문 쪽 좌석
  middle seat 중간 좌석

- **captain** 기장
  flight attendant 승무원
  steward 남자 승무원
  stewardess 여자 승무원
- **gate** 출입구
  emergency exit 비상구
- **overhead compartment** 머리위짐칸
- **seatbelt** 좌석 벨트
  fasten a seatbelt 좌석 벨트를 매다
  unfasten a seatbelt 좌석 벨트를 풀다
- **take off** 이륙하다

KEY EXPRESSIONS

1. 제 자리에 앉은 것 같은데요.

I'm afraid you are in my seat.

2. 제 좌석번호는 B24입니다. 찾는 걸 도와주시겠어요?

My seat number is B24. Can you help me to find the seat?

3. 미안하지만, 좀 지나갈 수 있을까요?

Excuse me, can I get through?

4. 좌석을 뒤로 넘겨도 될까요?

May I put my seat back?

5. 의자를 차지 말아주세요.

Please stop kicking the seat.

6. 실례합니다만, 앞으로 의자를 조금 당겨주시겠어요?

Excuse me, would you please pull your seat a little forward?

7. 좌석을 창가 자리로 바꿀 수 있을까요?

Could you change my seat to a window seat?

1 I'm afraid you are in my seat.
제자리에 앉은 것 같은데요.

비행기 탑승 후 자리를 찾는 과정에서 일어날 수 있는 상황이다. 내 좌석 번호에 다른 사람이 앉아 있을 때, 상대방에게 질문하는 표현이다. 유사한 표현으로 다음과 같은 문장들이 있다.

- 당신 좌석이 맞나요?
  Is this your seat?

- 미안하지만, 이 자리는 제자리인 것 같군요.
  Excuse me, but I'm afraid this is my seat.

- 제 좌석인데요. 다시 한번 좌석을 확인해 보시겠어요?
  I think this is my seat.
  Can you please check your seat number again?

Useful Idioms

I'm afraid~
afraid의 사전적 의미는 '두려워하는' 또는 '걱정하는'의 뜻을 갖고 있다. 그러나 대화체에서 I'm afraid~는 '…인 것 같다' 또는 '유감이지만 …이다'의 의미로 사용된다.

- I'm afraid I can't help you. (유감이지만) 당신을 도울 수가 없군요.
- I'm afraid we have no choice. (유감이지만) 우리는 다른 선택을 할 수 없다.

2

My seat number is B24.
Can you help me to find the seat?

제 좌석번호는 B24입니다. 찾는 걸 도와주시겠어요?

비행기에 탑승한 후 본인의 좌석을 찾을 수 없을 때 승무원에게 도움을 청하는 표현이다. 탑승권을 보여 주면서 '이 좌석을 찾고 있습니다'라는 의미로 'I am looking for this seat'라고 해도 좋다. 그외 다음과 같은 표현을 사용할 수 있다.

· 제 좌석 찾는 것을 도와주시겠어요?
  Could you help me find my seat?

· 저의 좌석이 어디 있는지 말씀해주시겠어요?
  Can you tell me where my seat is?

· 제 좌석번호는 B24입니다. 어디 있나요?
  Excuse me, my seat number is B24. Where is it?

Excuse me, can I get through?
미안하지만, 좀 지나갈 수 있을까요?

본인의 좌석이 창가쪽이거나 또는 중앙에 위치해서 먼저 와서 앉아있는 승객이 일어나야 그곳으로 갈 수 있는 상황이다. 이때 상대방에게 지나갈 수 있게 자리를 비켜달라고 양해를 구하는 표현이다. 또한 상대방이 자리에서 일어났을 때 감사의 표현을 잊지 않는다.

- 지나가도 되겠습니까?
  Will you allow me to pass?

- 좀 지나가도 괜찮을까요?
  Would you mind if I pass through?

May I put my seat back?
좌석을 뒤로 넘겨도 될까요?

비행기가 이륙한 후, 의자를 뒤로 젖히고자 할 때 뒷 좌석 승객에게 양해를 구하는 표현이다. 앞 좌석의 승객으로부터 같은 질문을 받는다면, 긍정의 대답으로 'Yes, you can,' 또는 'Sure' 등의 표현을 사용할 수 있다. 만약 Do you mind~? 로 질문받았다면 'Not at all'이나 'Please go ahead' 또는 'Of course not' 으로 대답한다.

- 의자를 뒤로 젖혀도 괜찮을까요?
  Do you mind if I lean back?

- 좌석을 뒤로 넘겨도 괜찮겠습니까?
  Would it be okay if I put my seat back?

Mini dialog

A: Do you mind if I push my seat back? 의자 좀 뒤로 젖혀도 괜찮겠습니까?
B: Of course not. 물론입니다.

5 Please stop kicking my seat.
의자를 차지 말아주세요.

뒷좌석 승객이 의자를 찰 때, 멈추어 달라고 요청하는 표현이다. 주로 어린 아이가 앉아 있을 때 일어날 수 있는 상황이다. 아이에게 직접 말하거나 또는 부모에게 요청한다.

- 의자 차는 것을 멈춰주세요.
  Would you please stop kicking my seat?

- 의자 차는 것 멈추지 않을래? 기분이 좋지 않아.
  Could you please stop kicking my seat? It doesn't feel good.

- 아주머니, 아이가 여전히 의자를 차고 있군요. 멈추게 해주세요.
  Ma'am, your kid is still kicking my seat. Please stop him.

6 Excuse me, would you please pull your seat a little forward?
실례합니다만, 의자를 앞으로 조금 당겨주시겠어요?

앞사람이 의자를 너무 뒤로 젖혀 불편함을 느낄 경우, 의자를 앞으로 조금 당겨 줄 것을 요구하는 표현이다. 가능한 정중하고 부드럽게 표현하여 불필요한 언쟁이 일어나지 않도록 주의한다. '의자를 세운다'는 표현은 full forward (앞으로 당기다) 또는 put upright (바로 세우다)으로 나타낼 수 있다.

- 의자를 바로 세워 주시겠어요?
  Would you please put your seat upright?

- 의자를 바로 세워 주시면 안될까요?
  Would you mind putting your seat upright?

- 의자를 바로 세워 주시면 안되겠습니까?
  Would you mind putting your seat in the upright position?

Could you change my seat to a window seat?

좌석을 창가 자리로 바꿀 수 있을까요?

비행기 탑승 후 다른 빈 좌석이 많이 있을 때 승무원에게 좌석 변경을 요청할 수 있다. 또는 일행과 떨어져 앉게 되었을 때, 해당 좌석의 승객에게 직접 자리 교환이 가능한지 묻는 표현도 함께 연습한다. 이때 동사는 change 외에도 swap이나 switch 등을 사용할 수 있다.

- 저와 자리를 바꾸어 주실 수 있나요?
  Would you mind changing your seat with me?

- 저하고 자리를 바꿀 수 있을까요?
  Would you mind switching seats with me, please?

- 저의 가족과 함께 앉을 수 있게 자리를 바꾸어 주실 수 있을까요?
  Would you mind swapping with me so I can sit with my family please?

- 친구와 옆자리에 앉을 수 있게 자리를 바꾸어 주실 수 있는지 알고 싶습니다.
  I wonder if you would mind changing seats with me, so I can sit next to my friend.

Situation Dialog

A: Excuse me, I think you are in my seat.

B: No, it can't be. Let me check again. … … Here it is.
My seat number is C23.

A: But the number of this seat is D23 not C23.

B: Really? I am terribly sorry. I thought this is C23.
I will move to find my seat.

A: 실례합니다만, 제 자리에 앉으신 것 같군요.

B: 그럴리가요. 다시 확인해보죠 … … 여기 있네요. 저의 좌석 번호는 C23입니다.

A: 하지만 이 좌석 번호은 C23이 아니라 D23입니다.

B: 그래요? 정말 죄송합니다. 저는 이 좌석이 C23이라고 생각했습니다.
저의 자리를 찾아 가겠습니다.

Survival Listening

탑승 중 중요한 표현이나 방송을 이해하지 못하면 난처한 상황이 발생할 수 있다. 다음은 비행기에 탑승했을 때 최소한 한 번씩은 듣게되는 표현들이다. 녹음을 듣고 그 뜻을 완전히 이해할 수 있을 때까지 반복해서 연습할 것을 권한다.

1. May I see your boarding pass please?

2. Please fasten your seatbelt.

3. Our flight is scheduled to take off in 10 minutes.

4. Please return your seat and tray table upright position.

5. Please put your seats forward and fasten your seatbelts.

6. Please do not leave your seat until the plane is airborne.

7. There will be a slight departure delay due to severe weather outside.

1. 탑승권 좀 보여 주시겠습니까?

2. 좌석벨트를 매 주세요.

3. 우리 비행기는 10분 후에 이륙할 예정입니다.

4. 자리에 돌아가셔서 식탁의자를 똑 바로 세워 주시기 바랍니다.

5. 의자를 앞으로 당겨주시고 좌석벨트를 매 주세요.

6. 비행기가 이륙할 때까지 자리에서 일어나지 마시기 바랍니다.

7. 기상악화로 출발이 다소 지연되겠습니다.

Airline Announcement

기내에서 듣게 되는 방송의 예이다. 방송 내용이나 사용되는 표현 구문은 항공사에 상관없이 대부분 거의 비슷하다. 따라서 이륙과 순항, 그리고 착륙 등의 상황에 따른 기본적인 표현 구문을 숙지해두면 큰 어려움 없이 이해할 수 있다.

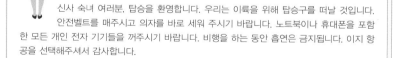

Ladies and gentlemen, welcome onboard. We're going to leave the boarding gate to take off. Please fasten your seatbelts and put your chair into the upright position. Please turn off all personal electronic devices, including laptops and cell phones. Smoking is prohibited for the duration of the flight. Thank you for choosing Easy Airlines.

신사 숙녀 여러분. 탑승을 환영합니다. 우리는 이륙을 위해 탑승구를 떠날 것입니다. 안전벨트를 매주시고 의자를 바로 세워 주시기 바랍니다. 노트북이나 휴대폰을 포함한 모든 개인 전자 기기들을 꺼주시기 바랍니다. 비행을 하는 동안 흡연은 금지됩니다. 이지 항공을 선택해주셔서 감사합니다.

공항에서

Unit 2

기내식

📍 TRAVEL VOCABULARY

- **in-flight meal** 기내식
- **vegetarian meals** 채식주의자를 위한 요리
  - infant meals 유아용 음식
  - children's meals 아동용 음식
- **snack** 간단한 식사, 간식
  - refreshments 다과, 가벼운 식사
- **beverage** 음료
  - alcoholic beverage 알콜 음료
  - soft drink 탄산음료
  - hard drink 또는 hard liquor 알콜 도수가 높은 술 (위스키 등)

- **chicken** 닭고기
  - beef 쇠고기
  - fish 생선
- **salad** 샐러드
  - vegetable 야채
- **tray-table** (접이식) 식탁 테이블
  - galley (선박, 항공기의) 주방
  - trolley 음식 운반대
- **free of charge** 요금을 받지 않는
  - complimentary 무료의

KEY EXPRESSIONS

1. 물 한 잔 주시겠어요?

May I have a glass of water, please?

2. 기내에서 식사가 제공되나요?

Are meals going to be served on this flight?

3. 어떤 음식이 있나요?

What are our meal choices?

4. 채식주의자를 위한 음식이 가능하나요?

Is a vegetarian meal available?

5. 음료수 가격은 얼마인가요?

What are the prices of the drinks?

1 May I have a glass of water, please?
물 한 잔 주시겠어요?

기내식이나 음료가 제공될 때 본인이 원하는 것을 요청하는 표현이다. 조동사는 can, could, 또는 may를 사용하며 주동사는 have 외에도 get 또는 bring으로 표현할 수 있다. 필요한 것을 요청하는 가장 일반적인 표현이다.

- 오렌지 주스 한 잔 주시겠어요?
  Can I have a glass of orange juice?

- 레드 와인 한잔 주시겠어요?
  Can I get a glass of red wine?

- 마실 것 좀 갖다 주시겠어요?
  Can I have something to drink, please?

- 물 좀 주시겠어요?
  Can I have some water?
  * 한 잔 또는 한 컵 등과 같은 단위를 사용하지 않고 some으로 간략하게 표현할 수 있다.

- 물을 한 잔 더 주시겠습니까?
  Can I have another cup of water, please?

- 냅킨을 좀 더 주시겠어요?
  Can I have some extra napkins?
  * 하나 더 또는 여분의 것을 의미할 때는 another나 extra를 사용한다.

Useful Idioms

Can I have~ ? / Can I get~ ?
상대방에게 무엇을 요구하거나 허락을 구하는 표현이다. 물질적인 것외에도, 서비스를 요청하거나 시간을 내줄 것을 부탁하는 표현으로도 사용할 수 있다.

- **Can I get a ride?** 차 좀 태워주시겠어요?
- **Can I have a few minutes?** 잠깐 시간 좀 낼 수 있을까요?
- **Can I get a copy of your catalogue?** 카탈로그 한 부를 구할 수 있을까요?

2 | Are meals going to be served on this flight?
기내에서 식사가 제공되나요?

비행 중 식사가 제공되는지 문의하는 표현이다. 2-3시간의 짧은 비행일 때는 식사대신 간단한 스낵이나 음료가 제공된다. 음식이 제공되는 시간을 묻고자 할 때는 when 또는 what time으로 표현한다.

- 음식은 언제 나오나요?

  When will the meals be served?

- 저녁 식사는 몇시에 제공되나요?

  What time do you serve dinner?

3 What are our meal choices?
어떤 음식이 있나요?

어떤 음식이 제공되는지 묻는 질문이다. 대답은 주로 There will be~ 또는 You will have~ 등으로 표현될 수 있다.

- 저녁 식사는 무엇인가요?
  What are we having for dinner tonight?

- 저녁 식사는 어떤 음식이 제공되나요?
  What dishes do you serve for dinner?

- 아침 식사로는 어떤 음식이 제공됩니까?
  What kind of meal do you serve for breakfast?

- 음료수는 어떤 종류가 있나요?
  What kind of drinks do you have?

Mini dialog

A: What are our dinner choices? 저녁 식사는 무엇입니까?

B: You will have a choice of chicken or beef.
닭고기와 쇠고기 중에 선택하실 수 있습니다.

42

4 Is a vegetarian meal available?
채식주의자를 위한 음식이 가능하나요?

특정 음식이 제공되는지의 여부를 묻는 표현이다. 채식주의자들을 위한 음식이 가장 일반적이며 일부 항공사에서는 미니 햄버거나 핫도그같은 어린이들을 위한 음식을 따로 제공하기도 한다. Is ~ available? 대신 Can I order~ ? 나 Can I have~ ?로 표현할 수 있다.

- 채식주의자를 위한 식사를 주문할 수 있나요?
  Can I order a vegetarian plate?

- 유아용 식사가 가능한가요?
  Are infant meals available?

- 아동용 식사가 가능한가요?
  Are children's meals available?

- 밥과 김치가 가능한가요?
  Are boiled rice and kimchi available?

5 What are the prices of the drinks?
음료수 가격은 얼마인가요?

저가 항공사를 이용하는 경우 필요한 질문이다. 대부분의 저가 항공사들은 기내에서 가벼운 음료나 스낵을 제외하고는 모든 서비스를 유료로 제공하고 있다.

- 음료수 가격은 얼마인가요?
  How much do drinks cost?

- 음료수 가격은 얼마를 받나요?
  How much do you charge for beverages?

Mini dialog

A: How much do you charge for drinks? 음료는 얼마인가요?

B: We offer all nonalcoholic beverages for free. 무알콜 음료는 무료입니다.

44

Situation Dialog

A: What would you like to have for dinner?

B: What is on the menu?

A: You have a choice of chicken, beef, or fish.

B: I'd like to have fish then.

A: What would you like to drink? We have coffee, orange juice, and water.

B: Coffee please.

A: What would you like in your coffee?

B: Milk and sugar, please.

A: 저녁식사는 무엇으로 하시겠습니까?
B: 어떤 메뉴가 있나요?
A: 닭고기와 쇠고기 그리고 생선 중에서 선택하실 수 있습니다.
B: 그렇다면 생선으로 하겠습니다.
A: 음료수는 무엇으로 하시겠습니까? 커피와 오렌지 주스 그리고 생수가 있습니다.
B: 커피를 주세요.
A: 커피는 어떻게 해드릴까요?
B: 우유와 설탕을 넣어 주세요.

Survival Listening

기내식이 제공될 것을 알리는 방송, 그리고 기내식이 제공될 때 승무원이 승객에게 질문하는 표현들이다.

1. We will serve you a meal with drinks.

2. Please put down the table in front of you.

3. Would you like chicken or beef?

4. What would you like to have, rice or bread?

5. What would you like to drink?

6. We have run out of orange juice. How about apple juice instead?

7. Can I get you anything else?

8. We offer nonalcoholic beverages for free.

9. I will be right back with it.

1. 여러분들께 음식과 음료를 제공할 것입니다.
2. 앞에 있는 테이블을 내려 놓으세요.
3. 닭고기를 드시겠습니까 아니면 쇠고기를 드시겠습니까?
4. 밥과 빵 중에 어느 것을 드시겠습니까?
5. 어떤 음료를 드시겠습니까?

6. 오렌지 주스가 다 떨어졌습니다. 대신 사과 주스는 어떻습니까?
7. 더 필요한 것 있으십니까?
8. 무알콜성 음료는 무료입니다.
9. 곧 가져다 드리겠습니다.

Airline Announcement

비행기가 이륙한 후 음료나 식사가 제공될 때, 들을 수 있는 방송이다. 항공사가 다르더라도 사용되는 기본적인 표현은 거의 비슷하므로 반복해서 청취 연습을 해두면 실제 상황에서 방송내용을 이해하는데 도움이 된다.

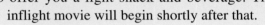

Ladies and gentlemen, the captain has turned off the fasten seat belt sign, and you may now move around the cabin. However, we recommend you keep your seat belt fastened while you're seated. In a few minutes, the cabin crew will be passing through the cabin to offer you a light snack and beverage. The inflight movie will begin shortly after that.

신사 숙녀 여러분, 기장이 안전벨트 착용 지시등을 껐습니다. 이제는 기내를 다녀서도 됩니다. 그러나 앉아계실 때는 안전벨트를 착용해주실 것을 권합니다. 몇분 후, 승무원들이 다과와 음료를 제공하기 위해서 기내를 다닐 것입니다. 기내용 영화는 그후 상영될 것입니다.

공항에서

Unit 3

기내 서비스

📍 TRAVEL VOCABULARY

- **cabin** 기내, 선실
  - reading light 독서등
  - headset 헤드폰
  - blanket 담요
- **life vest / life jacket** 구명 조끼
  - oxygen mask 산소 마스크
  - turbulence 난기류
  - call button 호출버튼
  - duty free 면세의
  - duty free store 면세점
- **complimentary magazine**
  무료 잡지
- **medicine for headache**
  두통약

medicine for air sickness 멀미약
airsickness bag 멀미 주머니

- **lavatory** 화장실
  - toilet paper 화장지
- **occupied** 사용중
  - vacant 비어있는

KEY EXPRESSIONS

1. 읽을 것 있나요?

Do you have something to read?

2. 두통 약이 있나요?

Do you have any medicine for a headache?

3. 기내에서 면세품을 팝니까?

Do you sell duty-free goods on board?

4. 한국 돈으로 지불해도 됩니까?

Can I pay in Korean currency?

5. 도착하려면 시간이 얼마나 남았나요?

How much time do we have until arrival?

6. 워싱턴의 오늘 날씨는 어떤가요?

How is the weather in Washington today?

1 Do you have something to read?
읽을 것 있나요?

신문이나 잡지 등의 읽을 거리 또는 그 외의 기내 서비스를 요청하는 표현이다. anything to do 또는 something to do는 '… 할 것'이란 의미로 사용된다.

- 뉴스위크지가 있나요?
  Do you have Newsweek?

- 한국 신문이 있습니까?
  May I have a Korean newspaper?

- 잡지나 다른 읽을거리가 있습니까?
  Do you have a magazine or something?

- 이 헤드셋이 작동하지 않아요. 다른 것을 주시겠습니까?
  This headset is not working. Do you have another one?

2 Do you have any medicine for a headache?
두통 약이 있나요?

비행 중 멀미나 두통같은 증상을 위한 간단한 비상약을 구해 줄 수 있는지 문의하는 질문이다. '…에 효과가 있는'의 뜻으로 전치사 for를 사용한다. 또는 증상을 먼저 설명한 후, 필요한 약을 요청할 수도 있다.

- 소화제가 있나요?
  Do you have any medicine for indigestion?

- 멀미가 나는군요. 약이 있나요?
  I feel sick. Can I get some medicine?

- 한기가 드는군요. 감기약이 있나요?
  I feel chilly. Do you have any medicine for a cold?

3 Do you sell duty-free goods on board?
기내에서 면세품을 팝니까?

기내에서 면세품을 사거나 주문할 때 사용할 수 있는 표현들이다. 판매 시간이 정해져 있는 경우 언제 부터 구입이 가능한지 묻는 질문도 포함된다. 카탈로그에 나와있는 특정 상품의 구매를 원할 때는 I'd like to~ 구문을 사용한다.

- 면세품은 언제 판매합니까?
  When do you sell duty free goods?

- 면세품은 언제 살 수 있나요?
  When can I buy duty free goods?

- 지금 면세품을 주문해도 되나요?
  Can I order duty free goods now?

- 이 꼬냑 한 병을 사고 싶습니다.
  I'd like to have this bottle of Cognac.

- 이 향수를 구입하고 싶습니다.
  I'd like to buy this perfume.

4 Can I pay in Korean currency?

한국 돈으로 지불해도 됩니까?

현금 또는 카드 등, 지불 가능 방법을 묻는 질문이다.

- 미국 달러로 지불해도 되나요?
  ## Can I pay in US dollars?

- 신용카드로 지불할 수 있나요?
  ## Can I pay by credit card?

5 How much time do we have until arrival?
도착하려면 시간이 얼마나 남았나요?

도착지까지의 전체 비행 시간이나 남아 있는 비행시간 또는 현지 도착 시간 등을 묻는 질문이다.

- 비행 시간은 얼마나 걸리나요?
  How long does the flight take?

- 비행은 몇 시간 걸리나요?
  How many hours is the flight?

- 여기서 시드니까지 몇 시간 걸리나요?
  What's the flight time from here to Sidney?

- 워싱턴에는 몇 시에 도착하나요?
  What time are we going to arrive in Washington?

- 언제 도착하는지 말씀해 주시겠어요?
  Can you tell me when we will be landing?

 Mini dialog

A: How long is our flight going to be? 비행 시간은 얼마나 걸릴까요?

B: The total flight time from here to Hong Kong will be four hours.
여기서 홍콩까지 총 비행 시간은 4시간입니다.

6 How is the weather in Washington today?

워싱턴의 오늘 날씨는 어떤가요?

도착지의 날씨나 온도 등을 묻는 질문이다.

- 베이징의 날씨는 어떤가요?
  How is the weather in Beijing?

- 바깥 날씨는 어떤가요?
  How is the weather there today?

- 지금 두바이의 온도는 몇 도입니까?
  What is the temperature in Dubai right now?

어떤상황에는 어떻게대처하지!

Situation Dialog

A: Can I buy duty-free goods on board?

B: Sure, you can. What would you like to buy?

A: I'd like to have the lotion and perfume set in the catalog.

B: Is there anything else you would like?

A: Yes. I'd also like to have this bottle of wine, please.

B: Anything else?

A: No, thanks. That's all I want.

B: The total bill comes to 163 US Dollars.
How would you like to pay?

A: I'll pay by credit card.

A: 기내 면세품을 구입할 수 있나요?
B: 네, 있습니다. 무엇을 원하시는지요?
A: 카탈로그에 있는 이 로션 향수 세트를 사겠습니다.
B: 그 외 원하시는 것은 없습니까?
A: 네, 이 와인도 한 병 사겠습니다.
B: 또 다른 것은요?
A: 없습니다. 그게 전부입니다.
B: 전부해서 미국 달러로 163 달러입니다.
　　어떻게 지불하시겠습니까?
A: 신용카드로 지불하겠습니다.

Survival Listening

비행 중이거나 이륙하기 전에 방송을 통해 또는 승무원으로 부터 들을 수 있는 표현이다.

1. Smoking in any part of the cabin is strictly prohibited.

2. We are flying through a turbulent area.

3. Please fill out your landing card.

4. We are now making our descent into JFK Airport.

5. Cell phones and other electronic devices should be switched off while landing.

6. Please do not stand up or leave your seat until the plane has come to a complete stop.

7. The local time is 10:30 AM and the current weather is sunny.

---

1. 기내 어느 장소에서도 흡연은 엄격히 금지됩니다.

2. 우리는 난기류 지역을 지나고 있습니다.

3. 입국 신고서를 작성해주세요.

4. 우리는 지금 JFK 공항으로 하강하고 있습니다.

5. 이륙하는 동안 휴대폰과 다른 전자 제품의 전원을 꺼주세요.

6. 비행기가 완전히 멈출 때까지 일어서시거나 자리를 이탈하시면 안됩니다.

7. 현지 시각은 오전 10시 30분이며 날씨는 쾌청합니다.

Airline Announcement

항공기가 목적지를 향해 순항하고 있음을 알리는 방송이다. 대부분의 경우 현재 시간, 비행 고도 및 속도, 그리고 현재의 기상 상태 등에 관해 알려준다.

 Good afternoon ladies and gentlemen, this is your captain speaking. We are currently cruising at an altitude of 35,000 feet at an airspeed of 560 miles per hour. The time is 2:30 pm. The weather looks good and with the tailwind on our side we are expecting to land in Seattle approximately twenty minutes ahead of schedule. I will talk to you again before we reach our destination. Until then, sit back, relax and enjoy the flight.

신사 숙녀 여러분, 안녕하십니까. 저는 기장입니다. 우리는 현재 고도 35000 피트에서 시속 560마일로 비행하고 있습니다. 현재 시간은 오후 2시 30분입니다. 날씨가 좋고 순풍이 불고 있어 시애틀에는 예정보다 약 20분 정도 일찍 도착할 것으로 예상됩니다. 목적지에 도착하기 전에 다시 말씀드리겠습니다. 그때까지 편안한 비행이 되시기 바랍니다.

공항에서

Unit 4

비행기 환승

📍 TRAVEL VOCABULARY

- **airline timetable** 항공시간표
  - domestic service 국내선
  - international service 국제선

- **delayed** 연착된
  - on time 시간대로, 정확히
  - cancelled 취소된

- **transit** 환승
  - transit pass 통과 패스
  - stopover / layover 단기 체류, 중간 기착

- **destination** 목적지
  - waiting room 대합실
  - boarding gate 탑승 게이트

- **connecting flight** 환승편
  - non-stop flight 직항, 무착륙 비행
  - long haul flight 장거리 비행

KEY EXPRESSIONS

1. 비행기를 갈아 타야 합니다. C7 게이트는 어디로 가야 하나요?

I have to take a connecting flight. How can I get to Gate C7?

2. 기다리는 시간은 얼마나 됩니까?

How long is the layover?

3. 연결 비행기 탑승권은 어디서 받나요?

Where do I get my boarding pass for a connecting flight?

4. 몇시부터 탑승이 시작되나요?

What time does boarding begin?

5. 갈아탈 비행기를 놓쳤습니다.

I missed my connecting flight.

1 I have to take a connecting flight. How can I get to Gate C17?

비행기를 갈아 타야 합니다. C17 게이트는 어디로 가야 하나요?

공항에서 비행기 환승할 때 게이트를 찾는 질문이다. 공항내의 라운지 공간이 매우 넓으므로 미리 탑승할 Gate를 확인한 후 그 근처의 라운지에서 시간을 보내는 것이 안전하다.

- 몇 번 게이트로 가야하나요?
  Which gate should I go to?

- 대한항공 747편은 어느 게이트에서 출발합니까?
  Which gate is KAL Flight 747 leaving from?

- D15 게이트까지는 어디로 가야 하나요?
  How do I get to Gate D15?

- B12 게이트는 어디로 가는지 말씀해주시겠어요?
  Would you tell me where Gate B12 is?

TRAVEL INFORMATION

• Transit (통과)

공항에 잠시 내린 후 다시 같은 비행기를 타고 가는 것을 말한다. 시간은 대개 30 분에서 1 시간 정도 이며, 승객들이 내린 동안 항공기의 급유, 급수, 기체 정비나 승무원 교체 또는 새로운 승객 탑승 등을 하게 된다. 대합실로 나갈때는 반드시 'Transit'이라고 쓰인 출구로 나가야 하며, 대합실에서 휴식을 취하거나 면세품점에서 간단한 쇼핑을 할 수 있다. 출발시간을 놓치지 않도록 주의해야 한다.

• Transfer (환승)

최종 목적지로 가기 위해 중간 기착지에서 다른 항공기로 갈아 타는 것을 말한다. 기내에 있는 짐은 모두 가지고 내려야 한다. 출발지에서 부친 수화물은 최종 목적지까지 운송되므로 걱정할 필요는 없다. 공항 내의 해당 항공사 카운터에서 새 탑승권을 받는다. 만약 출발지에서 환승하는 비행기의 탑승권을 미리 받았다면 새로 탑승권을 받을 필요가 없다. 탑승권에 표시된 환승할 비행기, 탑승시간, Gate 번호를 공항내에 설치된 모니터를 보고 확인한 후, 탑승 시간에 맞춰 해당 Gate에서 탑승하면 된다.

• Stopover (단기 체류)

최종 목적지로 가기 전, 중간 경유지에서 하루 또는 며칠을 지낸 후 다른 비행기로 갈아 타는 것을 말한다. 경유국에 입국했다가 다시 출국하는 절차를 거쳐야 한다. 항공사에서 호텔을 제공해주는 경우도 있다.

2 How long is the layover?
기다리는 시간은 얼마나 됩니까?

장거리 비행을 할 경우 중간 기착지에 잠시 쉬었다가 다시 타거나 항공기를 갈아타는 것을 layover라고 한다. 일반적으로 국제선 항공의 경우 24시간 이상 걸리는 layover는 stopover로 간주한다.

- 워싱턴에서 경유 시간은 얼마나 되나요?
  How long is our layover in Washington?

- 우리는 두바이 공항에서 연결편 비행기를 얼마나 기다려야 하나요?
  How long will we wait for our connecting flight at Dubai Airport?

- 우리는 LA에서 6시간동안 경유를 합니다.
  We have a six hour layover in Los Angeles between flights.

 Mini dialog

A: How long is the stopover at this airport?
이 공항에서의 경유시간은 얼마나 되나요?

B: It will be about three hours. 약 세 시간입니다.

3 Where do I get my boarding pass for a connecting flight?

연결 비행기 탑승권은 어디서 받나요?

환승하는 경우 공항 내의 해당 항공사 카운터에서 새 탑승권을 받아야 하는 경우 사용하는 표현이다.

- 환승 카운터가 어디 있나요?

Where is the transit counter?

- 환승 카운터가 어디 있는지 아시나요?

Do you know where the transit counter is?

4 What time does boarding begin?
몇시부터 탑승이 시작되나요?

탑승이 시작되는 시간을 묻는 질문이다. 환승 공항에서 연결편을 기다릴 때, 대합실에서 휴식을 취하거나 면세품점에서 간단한 쇼핑을 할 수 있다. 탑승권에 표시된 환승할 비행기, 탑승시간, Gate 번호를 공항내에 설치된 모니터를 보고 확인할 수 있다. 탑승 시간에 맞춰 해당 Gate 앞에서 기다리면 된다. 출발시간을 놓치지 않도록 주의해야 한다.

- 탑승은 언제 시작하나요?
  ## When will we start boarding?

- 725 항공편은 몇 시부터 탑승이 시작되나요?
  ## What time does Flight 725 start boarding?

Mini dialog

A: My flight number is OKL018. When does boarding begin?
  저의 비행기편은 OKL018입니다. 탑승은 언제 시작되나요?

B: Your plane will begin boarding at Gate 23B in twenty minutes.
  귀하의 비행편은 23B 게이트에서 20분 후 탑승을 시작할 것입니다.

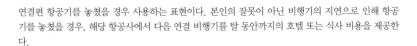

5 I missed my connecting flight.
갈아탈 비행기를 놓쳤습니다.

연결편 항공기를 놓쳤을 경우 사용하는 표현이다. 본인의 잘못이 아닌 비행기의 지연으로 인해 항공기를 놓쳤을 경우, 해당 항공사에서 다음 연결 비행기를 탈 동안까지의 호텔 또는 식사 비용을 제공한다.

- 비행기가 지연되어 갈아 타야할 비행기를 놓쳤어요.
  My plane was delayed and I missed my connection flight.

- 연결편 비행기을 놓쳤습니다. 어떻게 해야하나요?
  I missed my connecting flight. What should I do?

- 런던행 연결편 비행기를 놓쳤습니다. 어떻게 해야 하는지 말씀해주세요.
  I missed my connecting flight to London. Please tell me what I can do.

이런상황에는 어떻게대화하지!

Situation Dialog

A: My plane was late, and I missed my connecting flight.

B: We can help you find an alternate flight. Would you show me your ticket please?

A: Here it is.

B: Thank you. Your final destination is Beijing. Please wait for a minute, I will check it for you. … We still have two more flights today; one leaving at 7pm and another leaving at 11pm.

A: Do you have any earlier flights?

B: I am sorry but we don't. The 7pm flight is the earliest one left today.

A: OK, I will take the 7pm flight, then.

B: Thank you. I will reserve a seat for you. You have six hours before your connecting flight leaves for Beijing. We will give you a complimentary dinner voucher at the airport restaurant.

A: 제가 탄 비행기가 연착을 하여 연결편 비행기를 놓쳤습니다.

B: 대체 비행편을 찾을 수 있게 도와드리겠습니다. 항공권을 좀 보여주시겠습니까?

A: 여기 있습니다.

B: 감사합니다. 최종 목적지가 베이징이군요. 잠시만 기다리세요. 확인 해드리겠습니다. 오늘 아직 두 번의 비행편이 남아 있군요. 하나는 오후 7시 출발이고 다른 하나는 오후 11시 출발입니다.

A: 더 빠른 비행편은 없나요?

B: 죄송하지만 없습니다. 7시 비행기가 오늘 남아 있는 가장 빠른 비행편 입니다.

A: 알겠습니다. 그러면 7시 비행기로 하겠습니다.

B: 감사합니다. 좌석 예약을 해드리겠습니다. 베이징행 연결편 비행기가 출발할 때까지는 6시간 남았습니다. 공항 식당에서 사용할 수 있는 무료 식사 쿠폰을 드리겠습니다.

Survival Listening

환승 대기 중 공항 라운지 방송에서 또는 승무원들로부터 직접 들을 수 있는 표현이다. 탑승 게이트의 변경이나 비행기 지연 등에 관한 표현은 특히 주의를 집중해서 잘 청취해야 한다.

1. Where is your final destination?

2. Your connection flight leaves at 10:30.

3. The boarding gate has been changed from C25 to B12.

4. The plane will begin boarding in an hour at gate number 37C.

5. You have four hours before your connecting flight leaves for Seoul.

6. Your connection flight is being delayed.

7. Your flight has been delayed an hour due to the bad weather conditions.

---

1. 최종 목적지는 어디입니까?
2. 귀하의 연결편 비행기는 10시 30분에 출발합니다.
3. 탑승 게이트가 C25에서 B12로 변경되었습니다.
4. 항공기는 한 시간 후 37C 게이트에서 탑승이 시작될 것입니다.

5. 서울행 연결편 비행기가 출발할 때까지는 4시간 남았습니다.
6. 연결편 비행기가 지연되고 있습니다.
7. 악천후로 인해 귀하의 비행기가 한 시간 지연되었습니다.

공항에서

Unit 5

도착 및 입국 수속

📍 TRAVEL VOCABULARY

- **land** 이륙하다
  - landing gear 착륙 장치
  - touchdown 착륙

- **customs** 세관
  - customs officer 세관 직원
  - customs check 세관 검사

- **customs clearance / customs procedure** 통관 절차

- **immigration officer** 출입국 관리관

- **arrival card / landing card** 입국 신고서
  - declare 신고하다
  - declare an item 과세 물품을 신고하다

- **conveyor belt** 컨베이어 벨트
  - baggage claim area 수하물 찾는 곳

- **unattended** 지켜 보지 않는, 같이 있지 않은

- **local time** 현지시간
  - time difference 시차
  - jet lag 시차로 인한 피로

1. 사업차 이곳에 왔습니다.

I am here on business.

2. 사업가입니다.

I am a businessman.

3. 이곳은 처음입니다.

This is my first visit.

4. 이곳에서 일주일 동안 있을 것입니다.

I will be here for a week.

5. 호텔에서 머물 것입니다.

I will be staying at a hotel.

FURTHER EXPRESSIONS

1

I am here on business.
사업차 이곳에 왔습니다.

입국 심사대에서 방문 목적을 묻는 질문에 대한 대답이다. 목적지에 도착한 후 입국 수속을 받을 때 의례적으로 받는 질문과 대답을 연습해본다. 입국 심사시 가장 중요한 사항은 여행의 목적과 체류 기간이다. 질문의 의도를 정확히 파악하고 적절한 대답을 간략하게 하면 된다.

* 휴가 기간 동안 여행을 합니다.
  I am travelling for vacation.

* 보스톤에 사는 친구를 방문하려고 합니다.
  I am visiting my friend in Boston.

* 사업 세미나에 참석하기 위해 왔습니다.
  I am here to attend a business seminar.

* 조부모님들을 방문하러 왔습니다. 그분들은 로스엔젤레스에 사십니다.
  I am visiting my grandparents. They live in Los Angeles.

Mini dialog

A: Where are you from? 어디서 오셨나요?

B: I'm coming from Seoul, Korea. 대한민국 서울에서 왔습니다.

A: What is the purpose of your visit? 방문 목적은 무엇입니까?

B: I am here for sightseeing. 관광차 이곳에 왔습니다.

70

2   I am a businessman.
사업가입니다.

입국 심사대에서 직업이 무엇인지 묻는 질문에 대한 대답이다. 직업을 묻는 질문에는 다음과 같은 표현들이 있으며 대답은 자신에게 적합한 표현을 연습해둔다:

What is your job? / What is your profession? / What do you do for a living? / What do you do for work?

- 대학생입니다.

   I am a university student.

- 저는 기술자입니다.

   I am an engineer.

- 저는 무역회사에서 근무하고 있습니다.

   I work in a trading company.

3 — This is my first visit.

이곳은 첫 방문입니다.

전에도 방문국을 방문한 적이 있는지 묻는 질문이다. 본인에게 해당되는 사항을 사실대로 진술하면 된다.

- 네, 이번이 두 번째 방문입니다.
  Yes, this is my second visit.

- 네, 전에 여러 번 방문한 적이 있습니다.
  Yes, I have visited here several times before.

Mini dialog

A: Have you ever been here before? 전에 이곳을 방문한 적이 있나요?

B: Yes, I studied here as a student. I graduated from college in Texas. 네, 저는 학생 때 여기서 공부했습니다. 저는 텍사스에서 대학을 졸업했습니다.

4   I will be here for a week.
이곳에서 일주일 동안 있을 것입니다.

얼마나 오래 머물 것인지에 대한 대답이다.

- 이곳에서 2주일 동안 있을 것입니다.
  I will stay here for two weeks.

- 이곳에서 한 달 동안 지낼 것입니다. 저는 여름 휴가를 여기서 보낼 계획입니다.
  I will stay here for a month. I'm planning to spend my summer vacation here.

5 # I will be staying at a hotel.
호텔에서 머물 것입니다.

방문국에서 지낼 장소를 묻는 질문에 대한 대답이다.

- 유스 호스텔에서 머물 것입니다.
  I will be staying at a youth hostel.

- 친척 집에서 머물 것입니다.
  I will be staying at my relative's house.

TRAVEL INFORMATION

해외 여행을 할 때, 어떠한 경우라도 다른 사람에게 짐을 맡기거나 또는 다른 사람의 짐이나 가방을 들어다 주는 행위를 해서는 안된다. 특히 공항이나 국제항구 등에서 출입국 수속을 받을 때에는 각별히 조심을 해야 한다.

마약 운반범이나 밀수꾼들이 호의를 가장하여 순진해 보이는 사람에게 접근하여 소지품 속에 자신들의 짐을 몰래 넣거나 짐을 잠시 들어 달라고 부탁하는 사례가 있기 때문이다. 단순한 호의로 시작된 행위가 마약운반의 공범이나 밀수범으로 취급되어 구속되는 비극을 초래할 수 있다.

세관을 통과할 때 세관 직원으로부터 들을 수 있는 소지품이나 수하물에 관한 질문은 Survival Listening에서 연습한다.

Situation Dialog

입국 심사 때 세관 직원이 여행객에게 일반적으로 하는 질문과 그 질문에 대한 답변이다. 자신에게 맞는 질문을 작성하여 미리 연습을 해두는 것이 좋다.

A: Where are you coming from?

B: I'm coming from South Korea.

A: What is the purpose of your visit?

B: I am here to attend a business seminar.

A: What do you do back home?

* What do you do back home?은 What is your job in your country?의 다른 표현이다.

B: I work in a trading company.

A: How long do you plan to stay?

B: I will be here for a week.

A: Where are you going to stay?

B: I will be staying at a hotel.

A: 어디서 오셨나요?
B: 대한민국에서 왔습니다.
A: 방문 목적은 무엇입니까?
B: 사업 세미나에 참석하기 위해 왔습니다.
A: 직업은 무엇입니까?
B: 무역회사에서 근무하고 있습니다.
A: 얼마나 오래 머물 계획입니까?
B: 이곳에서 일주일 동안 있을 것입니다.
A: 어디서 머물 계획입니까?
B: 호텔에서 머물 것입니다.

Survival Listening

대부분의 경우 입국 심사대에서는 비행기에서 작성한 세관 신고서만 받고 통과를 시킨다. 그러나 짐이 많거나 의심스러운 점이 있다고 판단되면 조사가 길어지고 다음과 같은 질문들을 받을 수 있다.

1. **Do you have anything to declare?**
   No, nothing.
   * 고가품 또는 국가별로 정해진 액수를 초과하는 물품이 있는 경우를 제외하고는 No라고 대답한다.

2. **Are you carrying anything for another person?**
   No. I'm not.
   * 어떤 경우에도 공항에서 낯선 사람의 물건을 받거나 보관해서는 안된다.

3. **Did you leave your luggage unattended at all in the airport?**
   No, I didn't.
   * 공항에 도착한 후 항상 자신의 짐에 주의를 기울여야 한다.

4. **Did you have possession of your luggage since you packed?**
   Yes, I did.

5. **Did someone you do not know ask you to take something on the plane with you?**
   No, no one did.

1. 신고할 물품이 있습니까?
2. 다른 사람이 전해달라고 부탁한 물건이 있습니까?
3. 공항에서 짐을 지켜 보지 않고 방치해둔 적이 있습니까?

4. 짐을 싼 후 계속해서 당신이 지니고 있었습니까?
5. 알지 못하는 사람이 비행기에서 당신에게 짐을 부탁한 적이 있습니까?

Airline Announcement

비행기가 공항에 착륙하기 위해 하강한다는 것을 알리는 방송이다. 주요 사항은 안전벨트 착용과 의자와 테이블을 원래의 위치대로 바로 세우는 것이다. 개인용 전자 기기의 스위치를 꺼달라는 내용도 포함된다.

Ladies and gentlemen, now we're approaching the airport. The local time is 10:00 am. As we start our descent, you should be in your seat with your seatbelt fastened, and your seat backs and tray tables must be in their full upright position. Please make sure all electronic devices are turned off.

신사 숙녀 여러분, 지금 우리는 공항으로 접근하고 있습니다. 현재 시간은 오전 10시입니다. 하강하는 동안 안전벨트를 착용하시고 의자와 테이블은 바로 세워주시기 바랍니다. 모든 전자 장치들의 스위치가 꺼져 있는지 확인해주시기 바랍니다.

Chapter 02

교통 수단

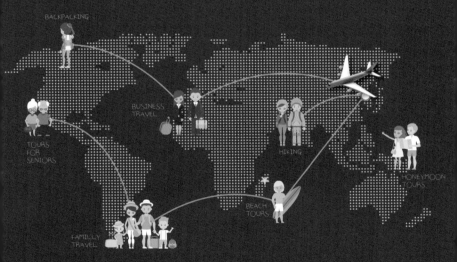

교통수단 모르고 어떻게 여행해!

교통 수단

Unit 6

기차 & 지하철

📍 TRAVEL VOCABULARY

- **catch the train** 기차 시간에 맞게 도착하다
- **board / get on** 승차 또는 승선하다
- **get off** 내리다, 하차하다
  - get on the train 기차에 탑승하다
  - get off the train 기차에서 내리다
- **miss the train** 기차를 놓치다
- **passenger train** 여객 열차
  - corridor / aisle 복도, 통로
  - baggage compartment 짐칸
  - buffet car 식당차
- **ticket office** 매표소
  - ticket barrier 개찰구
  - ticket inspector / conductor 검표 승무원
  - railcard (영) 기차 요금 할인권

- **subway** (미) 지하철
  - underground / tube (영) 지하철
- **platform** (열차를 타기 위한) 플랫폼
  - mind the gap (차량과 플랫폼 사이의) 벌어진 간격을 조심하시오
  - tunnel 터널
- **northbound** 북쪽으로 가는
  - eastbound 동쪽으로 가는
  - southbound 남쪽으로 가는
  - westbound 서쪽으로 가는
- **way out / exit** 출구
  - level crossing 철도 건널목
- **off peak travel** 비수기 여행
  - high season / peak season 성수기 여행

KEY EXPRESSIONS

1. 지하철 역이 어디 있나요?

Where is the subway station?

Where is the underground station?

2. 보스톤까지 왕복 티켓 한 장을 원합니다. 요금은 얼마입니까?

I would like a round ticket to Boston. How much is the fare?

3. 여기가 워싱턴으로 가는 열차 플랫폼인가요?

Is this the right platform for Washington?

4. 어느 역에서 갈아타야 하나요?

Which station should I transfer at?

5. 타임 스퀘어로 나가는 출구는 어디 있나요?

Where is the exit for Times Square?

1 Where is the subway station?
Where is the underground station?

지하철 역이 어디 있나요?

지하철 또는 기차역을 찾고자 할 때 사용하는 표현이다. 지하철은 미국에서는 subway 그리고 영국에서는 underground 또는 tube로 표현한다.

- 어디서 지하철을 탈 수 있나요?
  Where can I find the subway station?

- 기차역이 어디 있는지 아십니까?
  Do you know where the railway station is?

- 가장 가까운 지하철 역은 어디 있나요?
  Where is the nearest subway station?

- 엠파이어 스테이트 빌딩으로 가는 가장 가까운 지하철 역은 어디있나요?
  Where is the nearest subway line that goes to the Empire State Building?

- 기차역이 여기서 얼마나 먼가요?
  How far is the train station from here?

- 매표소가 어디있나요?
  Where is the ticket office?

American English vs. British English

underground / tube / subway / metro

지하철은 영국에서는 underground 또는 the Underground, 미국에서는 subway라고 한다. 영국에서는 지하철의 생긴 모양을 따서 tube로 부르기도 한다. 런던을 제외한 영국의 다른 도시 그리고 대부분의 유럽 도시에서는 지하철을 metro라고 한다. 워싱턴 D.C.에 있는 전철 체계도 the Metro라고 부른다.

2 I would like a round ticket to Boston. How much is the fare?

보스톤까지 왕복 티켓 한 장을 원합니다. 요금은 얼마입니까?

승차권을 구매하는 표현이다. 승차권은 대개 편도와 왕복 두 가지로 나뉜다. 편도 및 왕복 티켓에 관한 표현은 영국식 영어와 미국식 영어가 서로 다르므로 두 가지 표현을 모두 숙지해두는 것이 좋다. 가고자 하는 목적지를 표현하고, 필요한 승차권이 편도인지 왕복인지를 밝힌다. 한 문장으로 표현하거나, 두 문장으로 나누어서 표현할 수도 있다.

- 뉴욕까지 편도 티켓 가격은 얼마인가요?
  How much is a one way ticket to New York?

- 보스톤으로 가려고 합니다. 왕복 티켓 한 장을 살 수 있을까요?
  I want to go to Boston. Can I buy a round trip ticket, please?

- 필라델피아로 가려고 합니다. 왕복 티켓으로 주시겠어요?
  I want to go to Philadelphia. Would you give me a round trip ticket, please?

- 브리스톨까지 왕복 티켓 가격은 얼마인가요?
  What does a return ticket to Bristol cost?

- 학생 할인이 가능한가요?
  Can I get a student discount?

- 편도 티켓 가격은 얼마인가요?
  How much do you charge for a one way ticket?

American English vs. British English

a single ticket / a return ticket (영국식 표현)
a one way ticket / a round trip ticket (미국식 표현)
편도와 왕복 중 어느 티켓을 원하십니까?
- 미국식 표현: Would you like a one way or round trip ticket?
- 영국식 표현: Would you like a single ticket or return ticket?

3   Is this the right platform for Washington
여기가 워싱턴으로 가는 열차 플렛폼인가요?

원하는 열차 노선이나 플랫폼을 찾는 표현이다. '…로 가는' 또는 '향하는'의 의미로 전치사 to나 for를 사용한다.

- 오늘 마이애미로 가는 다른 기차가 있나요?
  Is there another train to Miami today?

- 오후에 워싱턴시로 가는 기차가 있나요?
  Is there a train that leaves for Washington DC in the afternoon?

- 어느 노선이 워싱턴 기념관으로 가나요?
  Which line goes to the Washington Monument?

- 글래스고로 향하는 기차가 이 역에서 출발합니까?
  Do trains to Glasgow leave from this station?

- 보스톤행 기차는 정시에 (예정된 시간에) 옵니까?
  Is the train to Boston on time?

4 **Which station should I transfer at?**
어느 역에서 갈아타야 하나요?

환승역이나 도착역을 찾는 표현이다. '환승하다'는 change 또는 transfer로 표현한다. 특히 장거리 기차 여행이거나 지하철을 이용하는 경우, 중간에서 열차를 바꾸어 타야 하는 경우가 많으므로 반드시 확인해야 한다.

- 기차를 갈아타야 하나요?
  Do I have to change trains?

- 이 지하철은 바로 (환승하지 않고) 센트럴 파크로 가나요?
  Does the subway go directly to Central Park?

- 어느 역에서 환승해야 하는지 말씀해주시겠어요?
  Can you tell me at which station I should transfer?

- 여기서 글래스고까지는 몇 정거장이 남아 있나요?
  How many stops are left from here to Glasgow?

- 어느 역에서 내려야 합니까?
  At which station should I get off?

Where is the exit to Times Square?

타임 스퀘어로 나가는 출구는 어디 있나요?

대도시의 지하철을 이용하는 경우 출구가 많아 원하는 목적지로 통하는 출구를 찾아야 하는 경우가 많다.

- 센트럴 파크로 가는 출구가 어디인지 말씀해주시겠습니까?
  Can you please tell me where the exit to Central Park is?

- 실례합니다. 미시간 애비뉴로 가는 출구를 찾고 있습니다.
  Excuse me, I am looking for the exit to Michigan Avenue.

- 트라팔가 광장으로 가는 출구는 어디 있나요?
  Where is the exit to Trafalgar Square?

- 플라자 호텔로 가려면 어느 출구로 가야 하나요?
  Which exit should I take to reach the Plaza Hotel?

- 실례합니다, 저는 국립 박물관으로 가려고 합니다. 어느 출구로 가야 하나요?
  Excuse me, I want to go to the National Museum. Which exit should I take?

TRAVEL INFORMATION

- **유럽 기차 여행**
  낭만적인 유럽 여행을 계획한다면 기차 여행을 추천한다. 유럽에서는 기차를 타고 여러 나라의 국경을 검문 심사 없이 자유롭게 넘나들 수 있다. 철도 패스에는 여러 종류가 있지만 정해진 기간 동안 무제한으로 기차를 이용할 수 있는 유레일 패스를 구입하는 것이 가장 무난하다. 기차여행은 차나 버스로 가는 여행보다 속도도 빠르고 이동할 때마다 승차권을 구입할 필요가 없어 편리하다. 게다가 사설 철도나, 버스 또는 유람선 무료 또는 할인으로 이용할 수 있어, 잘 활용한다면 일석 이조의 효과를 볼 수 있다.

  * 여행 정보 7. 여행 패스 참고

Situation Dialog

A: Hello, I'd like to purchase a ticket to Chicago on the 15th of August, please.

B: Would you like a one way or round trip ticket?

A: One way please.

B: What time do you want to travel?

A: I need to be in Chicago before noon.

B: Then, you need to take the train that leaves at 8 am.

A: What time does it arrive?

B: At half past eleven. Is that okay for you?

A: Yes, that will be fine. Thank you. How much is the fare?

B: Forty five dollars.

A: Can I pay by credit card?

B: Sure you can.

A: 8월 15일 시카고행 티켓을 사려고 합니다.
B: 편도 티켓을 원하십니까, 왕복 티켓을 원하십니까?
A: 편도로 하겠습니다.
B: 몇 시에 출발하길 원하십니까?
A: 낮 12시 전에 시카고에 도착해야 합니다.
B: 그렇다면, 오전 8시에 출발하는 기차를 타셔야 합니다.
A: 몇 시에 도착하나요?
B: 11시 30분 도착입니다. 괜찮겠습니까?
A: 네, 괜찮습니다. 감사합니다. 요금은 얼마죠?
B: 45달러입니다.
A: 신용카드로 지불하면 됩니까?
B: 물론입니다.

Survival Listening

지하철 또는 기차를 이용할 때 들을 수 있는 표현들이다. 특히 플랫폼의 번호나 열차의 도착시간 및 변경 시간 등을 놓치지 않고 잘 듣고 이해해야 한다.

1. You have to change trains at the next station.

2. The last train left ten minutes ago.

3. The train has been delayed.

4. The train ride has been cancelled.

5. Please stand well back from the edge of Platform 2. A fast train is approaching.

6. The approaching train is not scheduled to stop at this station.

7. Mind the gap between the train and the platform.

8. Ticket checks are in operation at this station, please have your ticket ready for inspection.

9. Please do not leave your luggage unattended.

10. Please take all your luggage and personal belongings with you.

---

1. 다음 역에서 갈아 타야 합니다.
2. 막차는 10 분 전에 떠났습니다.
3. 열차가 지연되었습니다.
4. 그 열차편은 취소되었습니다.
5. 2번 플랫폼 끝에서 뒤로 물러 서시기 바랍니다. 고속 열차가 다가오고 있습니다.
6. 다가오는 기차는 이 역에서 멈추지 않습니다.

7. 열차와 플랫폼 사이의 벌어진 틈을 주의하시기 바랍니다.
8. 이 역에서는 검표가 진행중입니다. 승차권을 준비해주시기 바랍니다.
9. 짐을 방치해두지 마시기 바랍니다.
10. 모든 짐과 소지품들을 가지고 내려주시기 바랍니다.

MEMO

Unit 7

버스를 탈 때

📍 TRAVEL VOCABULARY

- **bus station / bus terminal**
  버스 터미널

- **coach** (영) 장거리용 시외버스
  coach station (영) 시외버스 터미널

- **terminus** 종점
  bus depot 버스 터미널, 차고

- **double-decker bus** 이층 버스
  luggage hold 수하물칸

- **bus tour** 버스 여행
  bus fare 버스 요금
  bus stop 버스 정류소
  the next stop 다음 정류소

- **bus lane** 버스 전용 차선
  bus route 버스 노선

- **get on the bus** 버스를 타다
  get off the bus 버스에서 내리다

- **commute** 통근하다

KEY EXPRESSIONS

1. 가장 가까운 버스 정류소가 어디 있나요?

Where is the nearest bus stop?

2. 어느 버스가 시립 박물관으로 갑니까?

Which bus goes to the city museum?

3. 이 버스는 얼마나 자주 옵니까?

How often does this bus run?

4. 버스 승차권은 어디서 살 수 있나요?

Where can I get a bus ticket?

5. 다음 정류장에서 내려 주세요.

Let me off at the next stop, please.

1 Where is the nearest bus stop?
가장 가까운 버스 정류소가 어디 있나요?

근처에 있는 버스 정류소를 찾을 때 사용하는 표현이다. 질문할 때, 구체적인 목적지를 밝히거나 버스 노선을 묻는 것이 정확한 버스를 찾는 데 도움이 된다.

- 시내로 가는 버스는 어디서 탈 수 있나요?
  Where can I take a bus to go to the city center?

- 하이드 파크에 가려고 합니다. 그곳까지 바로 가는 버스가 있습니까?
  I want to go to Hyde Park. Are there any buses that go there directly?

- 시청에 가려고 합니다. 근처 버스 정류소가 있나요?
  I am going to the city hall. Is there a bus stop nearby?

2 Which bus goes to the city museum?
어느 버스가 시립 박물관으로 갑니까?

버스 정류소를 찾은 후 버스 노선을 확인할 때 버스 기사나 다른 승객에게 묻는 표현이다. .

- 이 버스가 프린스가로 가나요?
  ### Does this bus go to Prince Street?

- 이 버스는 6번가에 정차하나요?
  ### Does this bus stop at 6th Avenue?

- 이 버스는 로얄 파크 호텔로 갑니까?
  ### Does this bus go to the Royal Park Hotel?

- 이 버스가 시내 쇼핑 센터로 가는 버스가 맞나요?
  ### Is this the right bus to go to the downtown shopping mall?

- 이 버스가 공항으로 가는 버스 맞나요?
  ### Am I on the right bus to get to the airport?

3 How often does this bus run?
이 버스는 얼마나 자주 옵니까?

버스의 운행 빈도를 묻는 표현이다. 동사는 come, run 또는 leave 등으로 표현한다.

- 여기 버스가 얼마나 자주 오나요?
  How often does the bus come here?

- 공항 가는 버스는 얼마나 자주 운행되나요?
  How often does the bus run to the airport?

- 시내 가는 버스는 얼마나 자주 운행되나요?
  How often do the buses run to the city center?

- 공항과 호텔간의 셔틀은 얼마나 자주 다닙니까?
  How often does the shuttle bus run between the airport and the hotel?

4 Where can I get a bus ticket?
버스 승차권은 어디서 살 수 있나요?

버스 승차권을 어디서 구입할 수 있는지 묻는 질문이다. 그리고 요금이 얼마인지 질문하는 표현도 함께 학습한다. 국내에서와는 달리 해외에서는 시내 버스 요금도 목적지까지의 거리에 따라 요금이 다른 경우가 많으므로 주의한다.

- 버스에서 승차권을 살 수 있나요?
  Can I buy a ticket on the bus?

- 로얄 극장까지는 얼마인가요?
  How much is it to go to the Royal Theater?

- 시립 박물관까지는 얼마인가요?
  How much is it to go to the public museum?

- 시내까지 가는 버스표 가격이 얼마인가요?
  How much is a bus ticket to the city center?

5 Let me off at the next stop, please.
다음 정류장에서 내려 주세요.

환승 및 하차할 때 사용할 수 있는 표현들이다.

- 공항으로 가는 버스로 갈아 타려면 어디서 내려야 합니까?
  Where can I transfer to a bus for the airport?

- 우리가 언제 내려야 하는 지 알려 주세요.
  Can you tell me when we get there?

- 타임즈 스퀘어에 도착하면 내려 주세요.
  Please let me off when we get to Times Square.

- 이 정류소는 어디인가요?
  What stop are we at?

- 다음 정류소는 어디인가요?
  What is the next stop?

- 여기가 내가 내릴 정류장입니다.
  This is my stop.

이런 상황에는   이렇게 대처하자!

Situation Dialog

A: I am going to the city museum. Is this the right bus?

B: Yes, it is.

A: How much is the fare?

B: Do you want one-way or round-trip?

A: One way, please.

B: One way to the city museum. It's $2.50.

A: Here you are. Can you please tell me how far it is?

B: Not very far from here. It will take about 20 minutes.

A: 시립 박물관에 가려고 합니다. 이 버스가 맞나요?
B: 네, 맞습니다.
A: 요금은 얼마입니까?
B: 편도를 원하세요, 왕복을 원하세요?
A: 편도를 주세요.
B: 시립 박물관까지 편도는 2달러 50센트입니다.
A: 여기 있습니다. 얼마나 걸리나요?
B: 그렇게 멀지 않아요. 약 20분 정도 걸립니다.

Survival Listening

버스를 잘못 탔을 경우 또는 내려야 할 정류소 등을 알려주는 표현이다.

1. You took the wrong bus.

2. Please take Bus 215 again but in the opposite direction.

3. Please get off at the next stop.

4. You missed your stop.

5. You should have gotten off at the last stop.

6. The last bus has left.

---

1. 버스를 잘못 탔습니다.
2. 반대 방향에서 215번 버스를 다시 타세요.
3. 다음 정류소에서 내리세요.

4. 내려야 할 정류장을 지나쳤습니다.
5. 앞 정류장에서 내려야 했습니다.
6. 마지막 버스가 떠났습니다.

MEMO

교통 수단

Unit 8

택시를 탈 때

📍 TRAVEL VOCABULARY

- **taxi / cab** 택시
  van 승합차 (짐칸이 넓은 택시)

- **location** 현 위치
  destination 목적지

- **passenger seat** 운전석 옆 좌석
  back seat 뒷 좌석
  car seat 유아용 보조 의자
  trunk (미) / boot (영) 차의 트렁크

- **fare** 요금
  meter 미터기
  flat fee 정액 요금
  surcharge 추가 요금
  tip 팁

- **hail / flag / flag down**
  택시를 세우다
  hail a taxi 택시를 손짓으로 부르다
  flag down a cab 택시를 손짓해서 세우다

- **pick up** 태우러 가다
  drop off 내려 주다
  make a quick stop 잠시 멈추다

- **rush hour** 러시 아워
  traffic jam 교통 체증

100

✈ 교통 수단

KEY EXPRESSIONS

1. 이 주소로 가주세요.

Take me to this address, please.

2. 이 근처에 택시 승강장이 있나요?

Is there a taxi stand near here?

3. 역으로 가는 택시를 보내주시겠습니까? 저는 퀸 호텔에 있습니다.

Can I get a taxi to the train station? I'm at the Queen Hotel.

4. 미터기를 사용하시나요?

Do you use a meter?

5. 얼마를 지불해야 하나요?

How much do I owe you?

6. 팰리스 호텔에 있습니다. 얼마 동안 기다리면 되나요?

I'm at the Palace Hotel. How long will I have to wait?

7. 여기서 기다려주시겠어요?

Could you wait for me here?

8. 트렁크 좀 열어 주시겠어요?

Could you open the boot?

Can you open the trunk?

1 Take me to this address, please.
이 주소로 가주세요.

택시를 타기 전이나 출발하기 전에 택시 기사에게 목적지를 알려주는 표현이다. 택시 기사가 어디로 갈 것인지 묻는 질문에 대한 대답이 될 수도 있다. Where are you heading to? / Where would you like to go?는 '어디로 가십니까?'라는 문장이다.

- 플라자 호텔까지 가주시겠습니까?
  Can you take me to the Plaza Hotel?

- 시내까지 가주시겠습니까?
  Could you take me to the city center?

- 프린스가 43번지로 가주세요.
  I am going to 43 Prince Avenue.

- 공항까지 가 주시겠습니까?
  Can you take me to the airport?
  To the airport, please.

2 Is there a taxi stand near here?
이 근처에 택시 승강장이 있나요?

택시 승강장이나 택시를 탈 수 있는 장소를 찾는 표현이다.

- 택시 타는 곳이 어디죠?
  Where can I get a taxi?

- 어디서 택시를 타야 하는지 아십니까?
  Do you know where I can get a taxi?

- 택시 정류장이 어디 있는지 아십니까?
  Do you know where a taxi stand is?

3 Can I get a taxi to the train station? I'm at the Queen Hotel.

역으로 가는 택시를 보내주시겠습니까? 저는 퀸 호텔에 있습니다.

택시 회사에 전화를 걸어 택시를 부를 때 사용하는 표현이다. 그외 택시 회사의 전화 번호를 묻거나 또는 호텔 리셉션에 택시를 불러줄 것을 요청하는 표현도 함께 다룬다.

- 택시를 좀 불러 주시겠어요?
  Could you call a taxi for me?
  Could you organize a taxi for me?
  * 호텔 리셉션에서 택시 서비스를 요청할 때 사용할 수 있는 표현

- 택시 회사 전화 번호를 알려 주시겠습니까?
  Could you give me the number for a taxi service?

- 내일 아침 6시까지 택시를 보내주실 수 있을까요?
  Can I schedule a taxi pick up for 6 a.m. tomorrow?

- 6시까지 저를 데리러 오실 수 있을까요? 저는 힐튼 호텔에 있습니다.
  Could you pick me up here at six o'clock? I'm at the Hilton Hotel.

- 내일 오전 8시에 택시를 예약하고 싶습니다.
  I'd like to reserve a taxi for tomorrow at 8 a.m.

4 Do you use a meter?

미터기를 사용하시나요?

택시 기사에게 미터기를 사용하는지 묻는 표현이다.

- 미터기가 켜져 있나요?
  Is the meter switched on?

- 미터기를 켜주세요.
  Please switch the meter on.

5 How much do I owe you?
얼마를 지불해야 하나요?

목적지에 도착했을 때 택시 기사에게 요금이 얼마 나왔는지 묻는 표현이다. 그외 요금이 얼마인지 묻는 표현은 택시, 버스, 또는 기차 모두 동일한 표현을 사용할 수 있다.

- 프린스가까지 얼마인가요?
  How much will it be to Prince Street?

- 요금은 얼마인가요?
  How much will that cost?
  How much is the fare?

- 공항까지는 정액 요금입니까?
  Do you have a flat fee to the airport?

- 공항 교통에는 할증 요금이 부과되나요?
  Is there a surcharge for airport transportation?

- 영수증을 받을 수 있나요? / 영수증이 필요합니다.
  Can I have a receipt? / I need a receipt, please.

6 | I'm at the Palace Hotel. How long will I have to wait?
팰리스 호텔에 있습니다. 얼마 동안 기다리면 되나요?

택시를 부른 후, 택시가 pick up 장소까지 오는데 걸리는 시간을 묻는 질문이다.

- 그곳까지 가는데 시간이 얼마나 걸리나요?

  How long does it take to get there?

  * 목적지까지 가는데 걸리는 시간을 묻는 질문이다.

- 서둘러 주세요. 시간이 없습니다.

  Please, hurry. I am in a rush.

7 Could you wait for me here?
여기서 기다려주시겠어요?

택시를 잠시 멈추어서 대기하게 하는 표현이다.

- 현금 인출기 앞에서 잠시 멈출까요?
  Could we stop at a cashpoint?

- 여기 잠시 멈춰 주시겠습니까?
  Would you mind making a quick stop?

- 그곳까지 가기 전에 한 군데 들릴 수 있을까요? 웨일즈 12번지에서 친구를 태워야 합니다.
  Can you make one stop before going there? I have to pick up my friend at 12 Wales Street.

- 여기 차를 세워 주세요.
  Pull over here please.
  * 목적지에 도착한 후, 원하는 지점에 차를 세워주기를 요청할 때의 표현이다.

8 Can you open the trunk?
트렁크 좀 열어 주시겠어요?

택시 기사에게 도움을 요청하는 표현이다. 차의 트렁크는 boot 또는 trunk로 표현한다. 영국식 표현은 Could you open the boot?이다.

- 가방 좀 들어 주시겠어요?
  Could you help me with my bag?

Situation Dialog

A: Green Frog Taxi, how can I help you?

B: Hello, I want a taxi to pick me up at the Hilton Hotel tomorrow.

A: Where you are heading to?

B: I am going to the international convention center. It is on Fifth Street in the city.

A: What time do you want to depart from the hotel?

B: I want to leave at 8 o'clock in the morning.

A: Okay, a taxi will arrive 10 minutes before your departure time. Can I have your name please?

B: My name is Robert Daka. D, A, K, A. Daka.

A: All right, Mr. Daka. One of our drivers will see you at the hotel reception at 10 to 8 tomorrow morning.

B: That will be great. Thank you.

A: 그린 프로그 택시 회사입니다. 어떻게 도와드릴까요?

B: 내일 힐튼 호텔에서 저를 픽업해주었으면 합니다.

A: 어디로 가십니까?

B: 국제 컨벤션 센터로 갑니다. 시내 5번가에 있습니다.

A: 호텔에서는 몇 시에 출발하시길 원하십니까?

B: 오전 8시에 출발하려 합니다.

A: 알겠습니다. 출발 시간 10분 전에 택시가 도착할 것입니다. 성함이 어떻게 되십니까?

B: 로버트 다카입니다. 디, 에이, 케이, 에이, 다카입니다.

A: 잘 알겠습니다, 다카씨. 저희 운전사가 내일 아침 8시 10분 전에 호텔 리셉션에서 기다릴 것입니다.

B: 잘 알겠습니다. 감사합니다.

Survival Listening

택시를 이용할 때, 택시 기사로부터 들을 수 있는 표현들이다.

1. Where are you?

    * 전화로 택시를 불렀을 때 기사가 본인의 현 위치를 묻는 질문이다.

2. Can I take your name please?

3. What's the address?

4. Where are you heading?

    Where are you heading to?

    Where would you like to go?

5. There is a surcharge for airport transportation.

6. How will you be paying?

7. Do you need a receipt?

1. 지금 계신 곳은 어디입니까?

2. 성함을 말씀해주시겠습니까?

3. 주소는 어디입니까?

4. 어디로 가십니까?

5. 공항까지는 할증 요금이 부과됩니다.

6. 요금은 어떻게 지불하시겠습니까?

7. 영수증이 필요하십니까?

교통 수단

Unit 9

렌터카

📍 Travel Vocabulary

렌터카를 계약할 때 사용되는 어휘

- **rental car / car hire** 렌터카
- **car insurance** 자동차 보험
  damage waiver 렌터카 파손에 대한 보험
- **daily rate** 하루당 렌트 비용
- **unlimited mileage** 무제한 운행 거리
- **options** 선택 사양
- **rental agreement** 렌트 계약
- **pick up the car** 자동차를 가지러 가다
  return the car 자동차를 반환하다
- **pick up location** 자동차를 수령하는 장소
  drop off location 자동차를 반환하는 장소

자동차 종류와 기능에 관한 어휘

- **saloon / sedan** 세단형 승용차
  hatchback 해치백
  * 차체 뒤쪽에 위로 들어올릴 수 있는 문이 있는 승용차
- **station wagon** 스테이션 왜건
  * 좌석 뒤에 짐을 실을 수 있는 공간이 있는 승용차
- **sports car** 스포츠카
  SUV 스포츠 유틸리티카 (Sports Utility Vehicle)
- **convertible** 컨버터블
  * 지붕을 접었다 폈다 할 수 있는 고급 승용차
- **minivan** 미니밴
  * van과 station wagon의 특징을 절충한 승합차
- **GPS** 위성 항법 장치 (global positioning system)

110

KEY EXPRESSIONS

1. 자동차를 빌리고 싶습니다.

I would like to rent a car.

2. 실례합니다만, 렌터카 사무실을 찾고 있습니다.

Excuse me, I am looking for a rental car booth.

3. 어떤 종류의 자동차가 있나요?

What kind of cars do you have?

4. 유아용 좌석이 필요합니다.

I need a children's car seat.

5. 자동차는 어디에 반납하나요?

Where should I return the car?

6. 하루 렌트 비용은 얼마인가요?

What's the daily rate?

What are your daily rates?

7. 자동차를 먼저 볼 수 있을까요?

Can I look at the car first?

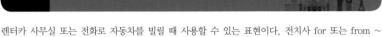

1 I would like to rent a car.
자동차를 빌리고 싶습니다.

렌터카 사무실 또는 전화로 자동차를 빌릴 때 사용할 수 있는 표현이다. 전치사 for 또는 from ~ until을 사용하여 기간을 나타낼 수 있다.

· 자동차를 빌리고 싶습니다.
  ## I would like to hire a car.
  * '빌리다'는 rent 또는 hire 모두 사용할 수 있다.

· 자동차를 5일 동안 빌리고 싶습니다.
  ## I would like to rent a car for five days.

· 자동차를 7일 동안 빌리려 합니다.
  ## I am going to rent a vehicle for seven days.

· 7월 5일부터 10일까지 자동차를 빌리고 싶습니다.
  ## I would like to rent a car from the 5th until the 10th of July.

American English vs. British English

자동차 및 도로에 관한 표현은 미국식 영어와 영국식 영어에 다소 차이가 있다. 이 차이점들을 알고 있으면 의사 소통에 도움이 된다.

American English	British English	Meaning
trunk	boot	자동차 트렁크
bumper / fender	bumper	자동차 범퍼
tire	tyre	타이어
turn signal / directional signal	blinker / winker / indicator	방향 지시등
gas tank	petrol tank	자동차 유류 탱크
parking lot	car park	주차장
trailer	caravan	자동차에 부착하는 이동식 주택
intersection	crossroads / intersection	교차로
highway	motor way	고속도로

2 Excuse me, I am looking for a rental car booth.

실례합니다만, 렌터카 사무실을 찾고 있습니다.

렌터카 사무실을 찾는 표현이다. 공항에 위치한 렌터카 회사의 사무실을 rental car booth라고 한다.

- 실례합니다만, 자동차를 빌리는 곳이 어디 있는지 아세요?

  Excuse me, do you know where I can rent a car?

- 렌터카 사무실이 어디있는지 아세요?

  Can you tell me where the car hire booth is?

- 어디서 렌터카 사무실을 찾을 수 있는지 아십니까?

  Can you tell me where I can find the rental car booth?

3   What kind of cars do you have?
어떤 종류의 자동차가 있나요?

찾고자 하는 자동차의 종류나 크기에 관한 질문이다.

- 어떤 크기의 자동차가 있나요?
  What size cars do you have?

- 가족용 차를 원합니다. / 가족용 차를 빌릴 수 있을까요?
  I want a family size car. / Are any family size cars available?

- 소형차를 원합니다. / 소형차가 있나요?
  I want a compact car. / Are any compact size cars available?

- 저는 중형차가 필요합니다.
  I need a medium sized car.

- 연비가 좋은 차를 원합니다.
  I want a fuel efficient car.

- 자동변속장치가 딸린 자동차를 원합니다.
  I want a car with an automatic gearbox.

- 저는 자동변속기보다는 수동변속장치를 원합니다.
  I want to have a manual rather than an automatic transmission.

4 I need a children's car seat.
유아용 좌석이 필요합니다.

자동차의 기능 및 선택 사양에 관해 질문하는 표현이다.

- 이 차는 자동변속기입니까 아니면 수동 변속기입니까?
  Is this car automatic or manual?

- 이 차는 어린이 보호용 안전 잠금 장치가 있나요?
  Does this car have childproof locks?

- 이 차는 GPS가 설치되어 있나요?
  Does this car come with a GPS?

- 트렁크는 어떻게 엽니까?
  How do you open the boot?

- 방향 지시등은 어디있나요?
  Where are the indicators?

- 이 차에 어떤 연료를 사용해야 하나요?
  What fuel should I use in the car?

5 Where should I return the car?
자동차는 어디에 반납하나요?

자동차를 반납하는 사항에 관해 질문하는 표현이다.

- 이 자동차는 몇 시까지 반납해야 합니까?
  What time do I have to return this vehicle?

- 저는 차량을 다른 지역에서 반납하고 싶습니다.
  I'd like to return this vehicle to a different branch.

What's the daily rate?
What are your daily rates?

하루 렌트 비용은 얼마인가요?

렌터카의 비용에 관한 질문이다. 보험료에 관한 질문도 함께 다룬다.

- 이 유형의 자동차는 하루 렌트 비용이 얼마인가요?
  What is the daily rate for this type of car?

- 소형차의 렌트 비용은 얼마입니까?
- **How much would a compact size vehicle cost?**

- 전체 비용은 얼마입니까?
  How much is it altogether?
  How much will the total be?

- 렌트 비용에 보험료가 포함되어 있나요?
  Is insurance included in the rental price?

  * 인터넷 또는 전화로 렌터카 예약을 할 때 계약 금액에 보험료가 포함되어 있는지 반드시 확인해야 한다. 특
    히 가격 비교 사이트에서 검색을 할 때 가격을 낮추어 경쟁력을 높이기 위해 기타 비용을 제외한 금액으로
    소비자들을 현혹시키는 경우가 있으므로 주의를 요한다.

Can I look at the car first?

자동차를 먼저 볼 수 있을까요?

결정을 내리거나 또는 결정을 내리기 전에 자동차를 한 번 보고자 할 때 사용할 수 있는 표현들이다.

- 결정을 내리기 전에 자동차를 보고 싶습니다.
  I'd like to look at the car before making a decision.

- 이 유형의 자동차로 하겠습니다.
  I will go with this type of car.

- 이 차로 하겠습니다.
  I will go with this vehicle.

Situation Dialog

A: Hi, I'd like to rent a car. I didn't make a reservation.

B: That's fine. What size are you looking for?

A: I am travelling with my family; my wife and two sons. What size car do you recommend?

B: Well, I recommend you get a family size car, or an SUV is also available if you want.

A: What are your daily rates for a family size car?

B: It is 25 dollars per day. How long will you be renting the vehicle?

A: I will need it for 7 days.

B: In that case, you will be paying $175. The price includes local taxes and insurance.

A: OK, I will take the family size car.

B: Thank you. Can I see your driver's license and a credit card please?

A: 차를 렌트하려고 합니다. 예약은 하지 않았습니다.
B 괜찮습니다. 어떤 사이즈를 원하십니까?
A: 아내와 두 아들과 함께 여행합니다. 어떤 사이즈의 차가 좋을까요?
B: 그렇다면 가족용 차를 추천합니다. 그리고 원하신다면 SUV도 가능합니다.
A: 가족용 차의 하루 렌트 가격은 얼마입니까?
B: 25달러입니다. 차를 얼마 동안 사용하실 예정입니까?
A: 7일 동안 필요합니다.
B: 그렇다면, 175달러를 지불하시면 됩니다. 가격에는 지방세와 보험료가 포함됩니다.
A: 좋습니다. 가족용 사이즈로 하겠습니다.
B: 감사합니다. 운전 면허증과 신용카드를 보여 주시겠습니까?

난처한 상황들 이제 풀어드림

Survival Listening

렌터카 회사 직원이 고객에게 묻는 질문이다. 렌터카의 계약 규정이나 반납일 또는 반납장소에 관한 표현은 정확히 이해하고 확인하지 않으면 나중에 곤란한 상황이 생길 수 있다.

1. 차량 종류
- What type of car would you like? / What kind of vehicle would you like?
- What size vehicle are you looking for?

2. 차량 사용 기간
- How long do you need the car? / How long would you like to rent the car?
- How many days would you like to rent the car?

3. 보험
- Would you like insurance?
- Would you like to purchase our insurance plan?

4. 신원 확인
- Can I see your driver's license?
- May I see your driver's license and passport?

5. 반납
- Where do you want to return the car?
- The vehicle has to be returned by 5 p.m. on Friday.

---

1. • 어떤 종류의 자동차를 원하십니까?
  • 어떤 크기의 자동차를 찾고 계십니까?

2. • 얼마나 오래 자동차가 필요하신가요?
  • 며칠 동안 자동차를 빌리고 싶으신가요?

3. • 보험을 드실겁니까?
  • 저희 회사의 보험을 드실겁니까?

4. • 운전 면허증을 볼 수 있을까요?
  • 운전 면허증과 여권을 보여 주시겠습니까?

5. • 어디서 반납하시겠습니까?
  • 차량은 금요일 오후 5시까지 반환하셔야 합니다.

Chapter 03

호텔

호텔예약, 이것만은 꼭 알아두자!

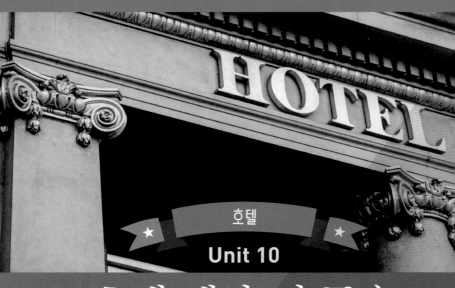

호텔

Unit 10

호텔 예약 및 투숙

📍 TRAVEL VOCABULARY

- **bed and breakfast**
  민박, 비앤비 (B&B)
  * 숙소와 아침 식사를 제공하는 숙박 형태

- **rate** 요금
  all-inclusive 모든 비용이 포함된
  vacancy 빈 객실, 공석

- **check-in** 체크인, 입실
  check-out 체크아웃, 퇴실

- **single bed** 1인용 침대
  double bed 2인용 침대
  twin bed 트윈 베드
  * 한 쌍을 이루는 두 개의 1인용 침대

- **suite** 스위트룸
  * 연결된 몇 개의 방으로 이루어진 호텔 객실
  adjoining rooms 서로 붙어 있는 객실

- **lobby** 로비
  * 건물 현관 입구 안쪽에 위치한 사람들을 만나거나
    기다릴 수 있는 공간
  reception 접수처 (front desk)

- **a room with an ocean view**
  바다가 보이는 객실
  sea view / ocean view 바다가 보이는
  mountain view 산이 보이는

- **kitchenette** 작은 부엌
  linen 침대 시트 또는 식탁보

- **valet parking** 대리 주차
  wake up call (호텔 등에서의) 모닝콜

KEY EXPRESSIONS

1. 2인용 객실 하나를 예약하고 싶습니다.

I would like to reserve a double room.

2. 오늘 숙박할 예약을 했습니다.

I made a reservation for today.

3. 예약을 하지 않았습니다만, 빈 객실이 있나요?

I didn't make a reservation, but do you have any rooms left?

4. 바다가 보이는 객실을 원합니다.

I'd like a room with an ocean view.

5. 1인실 하루 가격은 얼마입니까?

How much is a single room per night?

6. 몇시에 체크인을 할 수 있나요?

What time can I check-in?

1 I would like to reserve a double room.
2인용 객실 하나를 예약하고 싶습니다.

전화로 호텔 객실을 예약할 때 사용할 수 있는 표현이다. ···하고 싶다 또는 ···을 원한다는 의미의 would like to와 want to의 구문이 가장 빈번하게 쓰이는 표현이다. 또한 left나 available 을 사용한 의문문으로 나타낼 수 있다.

- 더블 룸을 예약하고 싶습니다.

  I want to book a double room.

  I would like to reserve a double room.

  I would like to make a reservation for a double room.

- 2인실을 이틀 동안 예약하고 싶습니다.

  I would like to book a double room for two nights.

- 이번 주말에 남아있는 2인용 객실이 있나요?

  Do you have any double rooms left for this weekend?

- 다음 주 금요일에 남아있는 1인용 객실이 있나요?

  Do you have any single rooms available for next Friday?

- 7월 12일에 1인실 예약을 할 수 있을까요?

  Can I make a reservation for a single room on the 12th of July?

Useful Idioms

book / reserve / make a reservation for
'예약하다'는 의미로 가장 빈번하게 사용되는 동사 또는 동사구이다. 호텔 객실 뿐아니라 비행기 또는 식당 좌석을 예약하거나, 콘서트 티켓을 예매할 때도 이 표현을 사용할 수 있다.

- I would like to reserve a table for five people at 7 P.M. today.
  오늘 오후 7시에 다섯 명을 위한 테이블을 예약하고 싶습니다.

- I would like to book two tickets for the 6 P.M. concert on Friday.
  금요일 오후 6시 공연 티켓을 두 장 예약하고 싶습니다.

2 I made a reservation for today.

오늘 숙박할 예약을 했습니다.

호텔 리셉션에 도착하여 전화 또는 온라인으로 미리 예약했음을 알려주는 표현이다.

- 온라인으로 예약을 했습니다.

  I made a reservation online.

- 전화로 두 사람을 위한 예약을 했습니다.

  I made a reservation for two people by phone.

- 귀 호텔 웹사이트를 통해 세 사람을 위한 예약을 했습니다.

  I made a reservation for three people on your hotel's website.

3 I didn't make a reservation, but do you have any rooms left?

예약을 하지 않았습니다만, 빈 객실이 있나요?

예약을 하지 않고 당일 호텔 리셉션에서 빈 객실이 있는지 문의할 때 사용할 수 있는 표현이다.

- 오늘 밤 1인실 숙박을 원합니다. 빈 방이 있나요?

  I want a single room for tonight. Do you have any vacancies?

- 2인실을 원합니다. 빈 방이 있나요?

  I would like a double room. Do you have any rooms available?

- 이틀 동안 숙박하고 싶습니다. 빈 방이 있나요?

  I would like to check in for two nights. Do you have any vacancies?

4 I'd like a room with an ocean view.
바다가 보이는 객실을 원합니다.

원하는 전망을 가진 객실을 구하고자 할 때 사용할 수 있는 표현이다.

- 바다가 보이는 객실을 예약하고 싶습니다.
  I'd like to book a room with an ocean view.

- 시내 전경이 보이는 객실을 원합니다.
  I'd like a room with a city view.

- 공원이 보이는 객실을 원합니다.
  I'd like a room with a park view.

- 공원이 내려다 보이는 객실을 원합니다.
  I'd like a room with a view overlooking the park.

- 호수가 내려다 보이는 객실을 예약하고 싶습니다.
  I'd like to book a room with a view overlooking the lake.

5 How much is a single room per night?
1인실 하루 가격은 얼마입니까?

객실 요금을 문의하는 표현이다.

- 2인실 하루 가격은 얼마입니까?
  ## How much is a double room per night?

- 숙박료는 얼마인가요?
  ## How much is the room charge?

- 하루 숙박료는 얼마인가요?
  ## How much is it a night?

- 좀 더 싼 방이 있나요?
  ## Do you have any cheaper rooms?

What time can I check-in?

몇시에 체크인을 할 수 있나요?

투숙 및 퇴실 시간에 관해 문의 할 때 사용하는 표현이다.

- 귀 호텔의 체크인 시간은 언제입니까?
  ## When is your check-in time?

- 몇시에 체크인을 해야 하나요?
  ## What time do I have to check in?

- 몇시에 퇴실해야 하나요?
  ## What time should I check out by?

- 퇴실 시간은 언제입니까?
  ## When is the check-out time?

Useful Idioms

check in

- 체크인하다, (호텔에서) 투숙하다
  I checked in at a hotel near the lake.
  나는 호수 근처의 한 호텔에 투숙을 했어.

- (공항에서) 탑승 수속을 밟다
  You have to check in at least one hour before departure.
  최소한 출발 한 시간 전에 탑승 수속을 밟아야 해.

- 짐을 부치다
  How about checking in our luggage first?
  먼저 짐부터 부치는게 어때?

Situation Dialog

A: Plaza Hotel reception, how can I help you?

B: Hello, I'd like to make a reservation.

A: Certainly, when would you like to check in?

B: Do you have a double room available for July 10th?

A: I will check for you. … July 10th … Yes, we do. How long will you be staying?

B: I will be staying for four nights. Can I have a room with an ocean view?

A: All our double rooms have ocean views.

B: That sounds great. How much is the room?

A: It is 85 dollars per night including tax.

B: OK, I will take the room.

A: Thank you. I will reserve the room for you. How would you like to pay?

B: Do you accept Visa cards?

A: Yes, we do. Can I have your name and card number please?

A: 플라자 호텔 리셉션입니다. 어떻게 도와드릴까요?
B: 객실 예약을 하려고 합니다.
A: 알겠습니다. 언제 체크인 하시겠습니까?
B: 7월 10일에 숙박할 2인용 빈 객실이 있습니까?
A: 확인해 보겠습니다. … 7월 10일 … 네, 있습니다. 얼마나 오래 머무실 예정입니까?
B: 4일 동안 지낼 것입니다. 바다가 보이는 객실을 구할 수 있나요?
A: 저희 호텔의 2인실은 모두 바다 전망을 갖고 있습니다.   B: 잘됐군요. 숙박료는 얼마입니까?
A: 세금포함 1박에 85달러입니다.   B: 네, 그 방으로 하겠습니다.
A: 감사합니다. 방을 예약해드리겠습니다. 객실료는 어떻게 지불하시겠습니까?
B: 비자 카드를 사용할 수 있나요?
A: 네 사용하실 수 있습니다. 성함과 카드 번호를 말씀해주시겠습니까?

Survival Listening

객실 예약을 할 때 호텔 리셉션에서 들을 수 있는 표현들이다.

1. How long will you be staying? / How many nights will you be staying?

2. Do you have your confirmation number?

3. Would you like a single room or a double room?

4. Would you like a smoking or non-smoking room?

5. We have no vacancies.

6. We're totally booked for that weekend.

7. When would you like to check-in?

8. Our normal check-in time is 4 P.M. / Check-out time is 12 noon.

9. Please print your name and sign here.

10. How will you be paying for your room?

---

1. 얼마나 오래 지내실 것입니까? / 며칠 동안 지내실 겁니까?

2. 예약 번호를 갖고 계신가요?

3. 1인실을 원하십니까, 아니면 2인실을 원하십니까?

4. 흡연실을 원하십니까 아니면 금연실을 원하십니까?

5. 빈 방이 없습니다.

6. 그 주말에는 예약이 모두 차 있습니다.

7. 체크인은 언제 하실겁니까?

8. 정상적인 체크인 시간은 오후 4시입니다. / 체크 아웃 시간은 정오 12시입니다.

9. 여기 성함을 쓰시고 서명해주세요.

10. 방값은 어떻게 지불하시겠습니까?

MEMO

호텔

Unit 11

호텔 예약 변경 및 취소

TRAVEL VOCABULARY

- **cancel** 취소하다
  cancelation 취소

- **rebook** 다시 예약하다
  extend 연장하다
  upgrade 등급을 올리다

- **refund** 환불하다
  get a refund 환불받다

- **refundable** 환불이 되는
  non-refundable 환불이 되지 않는

- **charge in full** 요금을 전부 부과하다

- **prior to** … 전에
  prior to the arrival date 도착일 전에

- **show up** 나타나다
  no-show 예약하고 오지 않는 사람

호텔

1. 예약을 취소하고 싶습니다.

I'd like to cancel my reservation.

2. 예약을 변경하고 싶습니다.

I want to change my reservation.

3. 숙박을 일주일 더 연장하고 싶습니다.

I would like to extend my stay for another week.

4. 방을 바꾸고 싶습니다.

I'd like to change rooms, please.

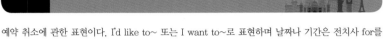

FURTHER EXPRESSIONS

1 I'd like to cancel my reservation.
예약을 취소하고 싶습니다.

예약 취소에 관한 표현이다. I'd like to~ 또는 I want to~로 표현하며 날짜나 기간은 전치사 for를 사용한다.

- 이번 주말 예약을 취소하고 싶습니다.

  I'd like to cancel my reservation for this weekend.

- 10월 21일 자 예약을 취소하고 싶습니다.

  I'd like to cancel my reservation for October 21st.

TRAVEL INFORMATION

호텔 예약을 변경하거나 취소할 때 주의 사항

호텔 예약의 취소 및 변경에 관한 규정은 호텔마다 또는 객실의 종류에 다르므로 해당 호텔의 규정을 자세히 살펴 보아야 한다. 대부분의 호텔에서는 취소 또는 변경 마감일 이전에 변경 사실을 알려줄 때 는 수수료를 받지 않는다. 예약 마감일은 3일, 7일, 또는 15일 등 호텔에 따라 그 기간이 다양하다. 마감일 이후 예약을 취소할 때는 호텔 약관에 기록된 규정에 따라 수수료가 부과된다. 예약 변경에는 입실 날짜를 변경하거나 숙박 기간의 연장 또는 단축 등이 포함된다.

할인 기간 중 예약을 했거나, 또는 높은 할인률을 적용한 홍보 상품인 경우 취소나 변경을 할 수 없게 규정된 경우도 있으므로 예약 전 규정을 꼼꼼하게 확인해야 한다.

* Survival Listening 참조

2 I want to change my reservation.
예약을 변경하고 싶습니다.

예약했던 날짜를 변경하고 싶을 때 사용할 수 있는 표현이다.

- 귀하의 호텔에서 먼저 예약했던 것을 취소하고 다시 예약하기를 원합니다.
  I want to cancel my reservation at your hotel and rebook a new one.

- 귀하의 호텔에서 8월 15일과 16일 날짜로 예약을 했었습니다. 날짜를 바꿀 수 있을까요?
  I made a reservation at your hotel for two nights on the 15th and 16th of August. Can I change the dates?

- 저의 도착 날짜가 변경되었습니다. 일정을 다시 조정할 수 있을까요?
  My arrival date has been changed. Can I reschedule my reservation?

3 **I would like to extend my stay for another week.**
숙박을 일주일 더 연장하고 싶습니다.

숙박을 연장하거나 단축하고자 할 때 사용하는 표현이다.

- 하루 더 지내기를 원합니다.
  I want to stay one more day.

- 하루 일찍 떠나야 합니다. 환불을 받을 수 있나요?
  I have to leave one day earlier. Can I get a refund?

4 **I'd like to change rooms, please.**
방을 바꾸고 싶습니다.

객실을 바꾸고 달라고 요청하는 표현이다.

- 방을 바꿀 수 있나요?
  Can I change my room?

- 이 방은 내가 예약했던 방이 아닙니다.
  I am afraid this is not the room I reserved.

- 더 큰 방으로 바꾸고 싶습니다.
  I'd like to upgrade to a bigger room.

- 만약 가능하다면, 스위트 룸으로 바꾸고 싶습니다.
  I'd like to upgrade to a suite, if you have one available.

이런 상황에는 어떻게 대화하지!

Situation Dialog ☐

A: Hilton Hotel, front desk. How may I help you?

B: Hello, I made a reservation at your hotel a couple of days ago, but my arrival date has been changed. Can I reschedule my reservation?

A: I will check for you. Do you have a reservation number?

B: A reservation number? No, I don't think I've got one.

A: That's fine. Could you please tell me your name and arrival date at the time of booking?

B: Sure, my name is Peter Anderson and my arrival date was the 12th of May.

A: Thank you, Mr. Anderson. … Ok, here you are. You booked a single room for three days starting on the 12th of May.

B: That's right.

A: What would you like to change, Mr. Anderson?

B: The seminar I am going to attend has been postponed until the 20th. Therefore, I need to check in on the 19th of May. Is a room available?

A: 힐튼 호텔 프론트입니다. 어떻게 도와드릴까요?
B: 며칠 전 귀 호텔에서 예약을 했습니만 도착날짜가 변경되었습니다. 일정을 바꿀 수 있을까요?
A: 확인해드리겠습니다. 예약 번호를 갖고 계십니까?
B: 예약 번호요? 아닙니다. 없는 것 같은데요.
A: 괜찮습니다. 성함과 예약 당시의 도착일을 말씀해주시겠습니까?
B: 저의 이름은 피터 앤더슨이고 도착일은 5월 12일 이었습니다.
A: 감사합니다. 앤더슨씨 … 여기 있군요. 5월 12일부터 3일 동안 1인실을 예약하셨군요.
B: 맞습니다.　A: 어떻게 변경하시고 싶습니까, 앤더슨씨?
B: 제가 참석하려 했던 세미나가 20일로 연기되었습니다. 따라서 5월 19일에 체크인을 해야 합니다. 빈 객실이 있을까요?

Survival Listening

각 호텔의 예약 취소에 관한 규정은 날짜나 기간이 다를 뿐 대부분 비슷한 표현 구문을 사용한다. 특히 인터넷을 통해 예약하는 경우, 호텔 홈페이지를 통해 규정을 볼 수 있으므로, 아래 문장들을 익혀두면 해당 호텔의 규정을 이해하는데 도움이 될 것이다.

1. Cancelations made at least seven days prior to the date of arrival will incur no charges.

2. Cancellations made less than two days prior to the arrival date will incur a 50% charge.

3. Cancellations made less than 24 hours prior to the arrival date will incur a 100% charge.

4. If you do not show up for the hotel room as per the reservation, the room fee will be charged in full.

* as per~ 이미 결정된 …에 따라

5. If the room you are booking is labeled as non-refundable, all cancellations will incur a 100% charge, regardless of the date on which the cancellation is requested.

---

1. 도착일 최소 7일 전에 (예약을) 취소한 경우 수수료가 부과되지 않습니다.

2. 도착일이 이틀이 남지 않았을 때의 예약 취소는 50%의 수수료가 부과될 것입니다.

3. 도착일이 24시간이 남지 않았을 때의 예약 취소는 100%의 수수료가 부과될 것입니다.

4. 만약 예약 당일 귀하께서 나타나지 않는 경우, 객실료는 전액 부과됩니다.

5. 만약 귀하께서 예약한 객실이 반환 불가로 규정되어 있다면, 모든 취소는 남아 있는 날짜와 관계없이 100% 수수료가 부과될 것입니다.

호텔

Unit 12

호텔 서비스, 편의 시설, 및 기타 요구 사항

📍 TRAVEL VOCABULARY

- **hotel amenities** 호텔 부대 시설
  - fitness center 헬스 클럽
  - swimming pool 수영장
  - spa 온천
- **room service** 룸 서비스
  - business center 호텔의 비즈니스 고객을 위한 장소
  - meeting room 회의실
- **laundry facilities** 세탁 시설
  - vending machine 자동 판매기
- **lounge** 휴게실, 라운지
  - hair salon 미용실

- **shuttle bus** 셔틀 버스
  - turn on 켜다
  - turn up 높이다, 올리다 (나타나다, 찾게되다)
- **freezing** 몹시 추운, 영하의
- **bathtub** 목욕통, 욕조
- **drain** (물이) 빠지다, (물을) 빼내다
  - flush 물을 내리다
  - overflow 넘치다
- **block** 막다, 차단하다
  - be clogged up 막히다
- **lock oneself out** 열쇠를 안에 두고 나오다

138

KEY EXPRESSIONS

1. 방까지 짐 좀 들어주시겠습니까?

Could you bring my luggage up to the room?

2. 내일 아침 6시에 전화로 깨워 주셨으면 합니다.

I'd like a wake-up call for 6 o'clock tomorrow morning.

3. 식당은 어디 있나요?

Where is the restaurant located?

4. 근처에 환전하는 곳이 있나요?

Is there somewhere I can exchange money around here?

5. 문제가 생겼습니다. 도와주시겠습니까?

I have a problem. Can you help me?

6. 문이 잠겨서 방에 들어갈 수가 없어요.

I locked myself out.

I locked myself out of my room.

7. 방이 매우 춥습니다. 난방 장치가 제대로 작동하고 있나요?

My room is very cold. Does your heating system work?

8. 더운 물이 나오지 않아요.

There is no hot water.

1

Could you bring my luggage up to the room?

방까지 짐 좀 들어주시겠습니까?

호텔 리셉션에서 직원에게 짐을 객실까지 들어 달라고 요청할 때 사용할 수 있는 표현이다. 그외 체크인 전까지 짐을 보관하게 하거나 귀중품을 맡길 때 사용하는 표현도 함께 익혀 두자.

- 직원시켜 이 가방들을 제 방으로 옮겨주실 수 있나요?
  Can you get someone to bring these bags to my room?

- 귀중품을 호텔 금고에 맡기고 싶습니다.
  I'd like to deposit my valuables in the hotel safe.

- 체크인 시간까지 여기다 짐을 맡길 수 있을까요?
  Can I leave my luggage here until check-in time?

- 체크아웃 후에 짐을 호텔에 맡길 수 있나요?
  Can I store my luggage in the hotel after checkout?

2

I'd like a wake-up call for 6 o'clock tomorrow morning.

내일 아침 6시에 전화로 깨워 주셨으면 합니다.

호텔에서 제공하는 서비스에 관한 질문이다.

- 세탁 서비스를 제공합니까?
  Do you provide laundry service?

- 침대 시트를 좀 갈아 주시겠어요?
  Can you change the bed sheets please?

- 아침 식사는 언제 제공하나요?
  What time do you serve breakfast?

- 이메일을 체크해야 합니다. 인터넷을 사용할 수 있나요?
  I have to check my email. Can I use the Internet?

3   Where is the restaurant located?
식당은 어디 있나요?

호텔에서 이용가능한 편의 시설에 관해 질문하는 표현들이다.

· 호텔 식당은 언제 문을 닫나요?
  What time does the hotel restaurant close?

· 호텔 바는 어디 있나요?
  Which floor is the hotel bar on?

· 호텔 바는 언제까지 여나요?
  How late is the hotel bar open?

· 이 호텔에 수영장이 있나요?
  Is there a swimming pool here?

4   Is there somewhere I can exchange money around here?
근처에 환전하는 곳이 있나요?

기타 서비스 및 문의 표현들이다.

· 여기서 시내까지는 어떻게 가나요?
  How do I get downtown from here?

· 여기서 공항까지는 어떻게 가나요?
  How do I get to the airport from here?

· 셔틀 버스는 언제 옵니까?
  What time does the shuttle bus come?

I have a problem. Can you help me?
문제가 생겼습니다. 도와주시겠습니까?

호텔 투숙 중에 문제가 발생했거나 요구 사항이 있을 때, 사용할 수 있는 표현이다. 그 다음 구체적인 요구나 불만 사항을 말한다. 또는 서론 없이 문제가 되고 있는 사항을 바로 언급하는 것도 좋다. 직원에게 불편 사항을 말할 때는 언성을 높이지 말고 차분하게 상황을 설명할 것을 권한다. 다음은 호텔에서 가끔씩 발생할 수 있는 불만 사항들의 예이다.

- 방이 청소되지 않았어요.
  The room has not been cleaned.

- 욕실이 청소되지 않았군요.
  The bathroom has not been cleaned.

- 방을 치워 주시겠어요?
  Can you clean my room?

- 욕실 청소할 사람을 보내 주시겠어요?
  Can you get someone to clean the bathroom?

- 시트가 더러워요. 바꾸어 주시겠어요?
  The sheets in my room are dirty. Can you change them?

- 방에 수건이 없군요.
  There are no towels in my room.

- 방에 수건이 충분하지 않아요.
  I don't have enough towels in my room.

- 담요를 하나 더 갖다 주시겠어요?
  Can I have another blanket?
  Can you get me another blanket?

6
I locked myself out.
I locked myself out of my room.
문이 잠겨서 방에 들어갈 수가 없어요.

호텔 키를 잃어버렸거나 방에 두고 나왔을 때 사용할 수 있는 표현이다.

- 방 열쇠를 잃어버렸어요.
  I lost my room key.

- 방에 열쇠를 두고 문을 닫았습니다.
  I left my key in the room and locked myself out.

- 문의 잠금 장치가 작동하지 않아요.
  The door lock isn't working.

7
My room is very cold.
Does your heating system work?
방이 매우 춥습니다. 난방 장치가 제대로 작동하고 있나요?

히터 또는 에어컨이 작동하지 않을 때 사용할 수 있는 표현들이다.

- 방이 너무 춥습니다. 히터를 켜주시겠어요?
  It is too cold in my room. Can you turn the heat on?

- 방이 춥습니다. 히터를 올려주시겠어요?
  It is freezing in my room. Can you turn the heat up?

- 에어컨이 작동하지 않아요.
  The air-conditioner is not working.

- 에어컨을 켜주시겠어요?
  Can you turn on the air conditioner?

There is no hot water.

더운 물이 나오지 않아요.

호텔 욕실에 더운 물이 나오지 않거나 화장실이 막히는 등의 문제가 생겼을 때 사용할 수 있는 표현들이다.

- 샤워기에서 더운 물이 나오지 않아요.
  We have no hot water in our shower.

- 욕실의 샤워기가 고장 났어요.
  The shower in the bathroom is broken.

- 욕조의 물이 잘 빠지지 않아요.
  The bathtub isn't draining well.

- 욕조 배수구가 막혔어요.
  The bathtub drain is stopped up. / The bathtub drain is clogged up.

- 화장실이 막혔어요.
  The toilet is blocked. The toilet won't flush. / The toilet doesn't flush.

- 화장실 물이 넘쳐요.
  The toilet is overflowing.

이런상황에는 이렇게대화하자!

Situation Dialog

A: Reception.

B: Hello, I have a problem and need someone to help me.

A: Could you tell me what the problem is?

B: The heating system in this room is not working. My room is freezing cold.

A: I am sorry to hear that. Can you tell me your name and room number, please?

B: My name is Thomas Green and my room is 307.

A: All right, Mr. Green, we will send a maintenance person immediately.

B: Thank you. And just one more thing, there is no hot water in the shower either. Can you fix both of these problems?

A: Don't worry, sir. I think it has something to do with the heating system. Our engineer will also take care of that.

A: 리셉션입니다.

B: 문제가 있어서 누군가 도움이 필요합니다.

A: 무슨 문제인지 말씀해주시겠습니까?

B: 객실에 난방 시스템이 작동하지 않아요. 방이 매우 춥습니다.

A: 죄송합니다. 성함과 객실 번호를 말씀해주시겠습니까?

B: 토마스 그린입니다. 그리고 객실 번호는 307호입니다.

A: 알겠습니다. 그린 씨. 즉시 정비팀을 보내드리겠습니다.

B: 고맙습니다. 그런데 욕실에 온수도 나오지 않습니다. 함께 봐주시겠습니까?

A: 잘 알겠습니다. 그 문제도 히팅과 관계가 있는 것 같습니다. 저희 기술자가 그것도 함께 해결해드릴 것입니다.

Survival Listening

다음은 불편 사항을 신고할 때 호텔 직원으로부터 들을 수 있는 표현이다.

1. I'm so sorry for the inconvenience.

2. We'll change your room immediately.

3. We will deliver more towels to your room right away.

4. Our maintenance technician will be there shortly to fix the problem.

5. We will send a staff person over right away.

1. 불편을 드려 죄송합니다.
2. 객실을 즉시 바꿔드리겠습니다.
3. 즉시 수건을 더 방으로 보내드리겠습니다.

4. 문제를 해결하기 위해 우리 기술자가 즉시 그 곳으로 갈 것입니다.
5. 직원을 곧 보내드리겠습니다.

Chapter 04

식당

음식주문은 입맛에 맞게 정확하게!

RESERVED
식당

Unit 13

식당 예약 및 음식 주문

📍 TRAVEL VOCABULARY

- **book** 예약하다
  * book a table for~ …위한 테이블을 예약하다

- **party** 단체

- **menu** 메뉴
  set menu 세트 메뉴

- **today's special** 오늘의 추천 요리

- **wine list** 와인 목록

- **starter / appetizer** 전채
  * 식사전 식욕을 돋우기 위해 나오는 요리 중의 하나
  main course / entrée 주 요리

- **side dish** 반찬, 곁들임 요리
  dessert 후식

- **vegetarian option** 채식 식단

- **halal** 이슬람 계율에 따른
  halal meat 이슬람 계율에 따라 도축된 고기

KEY EXPRESSIONS

1. 저녁 식사를 위한 테이블을 예약하고 싶습니다.

I'd like to reserve a table for dinner.

2. 창가에 앉고 싶습니다.

We'd like to sit by the window.

3. 얼마나 기다려야 하나요?

How long do we have to wait?

4. 메뉴를 볼 수 있을까요?

Can I see the menu, please?

5. 잠깐만 더 기다려 주시겠어요?

Can we have another minute?

6. 오늘의 특별 요리는 무엇입니까?

What is today's special?

7. 물 좀 갖다 주시겠어요?

Can I have a glass of water, please?

1 I'd like to reserve a table for dinner.
저녁 식사를 위한 테이블을 예약하고 싶습니다.

전화로 테이블을 예약하고자 할 때 사용하는 표현이다. 식당 예약을 할 때 사용하는 구문은 호텔 예약할 때와 별 차이가 없다. 'I'd like to reserve a table~' 또는 'Can I have a table~?' 등의 구문으로 나타낼 수 있다.

- 세 사람이 앉을 수 있는 테이블이 필요합니다.
  I need a table for three.

- 다섯 명이 앉을 수 있는 테이블이 있을까요?
  Can we have a table for five?

- 오늘 오후 7시에 네 사람을 위한 예약을 하고 싶습니다.
  I'd like to make a reservation for four at 7 pm today.

2 We'd like to sit by the window.
창가에 앉고 싶습니다.

원하는 테이블 위치를 요구하는 표현이다.

- 창가 테이블에 앉을 수 있나요?
  Can we have a table by the window?

- 우리는 비흡연 구역에 앉고 싶습니다.
  We'd like to sit in the non-smoking area.

- 조용한 곳의 테이블을 원합니다.
  I'd like a table in a quiet area.

TRAVEL INFORMATION

• 해외에서 식당 예약할 때 주의 사항
해외 특히 유럽에서는 대부분의 식당들은 미리 예약을 해야 테이블을 잡을 수 있다. 예약없이 식당에 갔을 경우는 식당의 리셉션에서 예약을 하게 되는데, 자칫 오랜 시간 기다려야 하는 상황이 발생할 수도 있다. 따라서 저녁 식사 예약인 경우 늦어도 오전 혹은 최소 서너 시간 전에는 가고자 하는 식당에 전화를 걸어 필요한 인원의 테이블이 가능한지 문의할 것을 권한다. 테이블 예약을 할 때는 인원 수, 날짜와 시간, 그리고 예약자의 이름을 남겨야 한다.

How long do we have to wait?
얼마나 기다려야 하나요?

예약없이 식당에 갔을 경우, 빈 테이블이 나올 때까지 기다려야 하는 상황에 처할 수 있다. 이때 얼마나 기다려야 하는지 종업원에게 질문하는 표현이다.

- 네 사람을 위한 테이블은 얼마나 기다려야 하나요?
  How long will we have to wait for a table for four?

- 우리 일행은 다섯 명입니다. 빈 테이블이 있나요?
  We are a group of five. Do you have any free tables?

- 얼마나 더 오래 기다려야 하나요?
  How much longer do we have to wait?

4

Can I see a menu, please?
메뉴를 볼 수 있을까요?

메뉴를 보여달라고 요청하는 표현이다.

- 메뉴를 좀 가져다 주세요.
  Please bring me a menu.

- 메뉴 좀 보여 주시겠어요?
  Will you show me a menu, please?

- 와인 리스트를 가져다 주시겠어요?
  Can you bring us a wine list?

식당

5 Can we have another minute?
잠깐만 더 기다려 주시겠어요?

주문할 음식을 아직 결정하지 않았을 경우, 좀 더 기다려 달라고 요청하는 표현이다.

- 아직 결정하지 않았어요. 시간을 몇 분 더 주시겠어요?
  We haven't decided yet. Can we have a few more minutes?

- 아직 주문할 준비가 되지 않았어요. 시간을 몇 분 더 주시겠어요?
  We are not ready to order yet. Can you give us a few more minutes?

TRAVEL INFORMATION

메뉴판만 봐서 어떤 종류의 음식인지 모르는 경우, 몇가지 용어만 알고 있어도 음식을 이해하는데 도움이 된다.

- **Sauted** – 불판에 익히거나 튀긴 요리를 의미한다. saute는 기름에 튀기거나 볶다는 뜻이다.
- **Marinated** – 식초나 와인 또는 그외의 다른 양념장에 재운 음식을 말한다.
  예) Marinated beef 쇠고기 장조림
- **Gratin** – 프랑스어이며 발음은 '그라탱'이다. 양념이나 소스로 무친 고기 또는 야채 따위 위에 치즈와 빵가루를 뿌린 다음 오븐이나 윗불을 사용해서 겉이 노릇노릇하게 구워 낸 요리를 의미한다.
- **Stew** – 고기나 채소를 넣고 국물과 함께 천천히 끓여서 졸인 요리.
- **Purée** – '퓨레'라고 발음한다. 야채나 고기를 갈아서 체로 걸러 걸쭉하게 만든 음식이다.
- **Mousse** – 디저트의 일종이다. 크림이나 젤리에 거품을 일게 하여 과일이나 초콜릿을 넣고 차게 한 음식. 고기나 생선을 사용한 요리도 있다.
- **Parfait** – 아이스크림에 과일이나 초콜릿, 생크림 따위를 곁들여 만든 디저트의 일종이다. 아이스크림과 케이크의 중간쯤 되는 음식이다.

6 What is today's special?
오늘의 특별 요리는 무엇입니까?

오늘의 추천 요리 또는 요리사 특별 요리 등, 추천할 만한 음식이 있는지 질문하는 표현이다.

- 오늘의 수프는 무엇입니까?
  What is the soup of the day?

- 무엇을 추천하시겠습니까?
  What do you recommend?

- 추천할 만한 요리가 있습니까?
  Do you have any recommendations?

7 Can I have a glass of water, please?
물 좀 갖다 주시겠어요?

음식이나 음료수를 주문하는 표현이다. 코스 요리를 주문하는 표현도 함께 다룬다.

- 샐러드와 해산물 스파게티로 주문하겠습니다.
  I'd like the seafood spaghetti and a salad.

- 마늘 버터와 바닷가재구이로 주문하겠습니다.
  I will have a grilled lobster with garlic butter.

- 애피타이저로 샐러드 / 그리고 메인 요리로 비프 스테이크로 주문합니다.
  I'd like a salad for a starter / and a beef steak for my main dish.

- 애피타이저로 샐러드 / 그리고 메인 요리로 허브를 곁들인 돼지 갈비로 주문하겠습니다.
  I'd like a salad for a starter / and the pork chops with herbs for my main dish.

154

Situation Dialog ☐

A: Sharon Restaurant.

B: Hi, I'd like to reserve a table for two people.

A: Can you please tell me when you will be coming?

B: We will be coming to your restaurant on Wednesday night at six o'clock.

A: Two people, Wednesday night at six o'clock. I will reserve a table for you.

B: By the way, we'd like to have a corner table with a window view, if it is available.

A: Okay, I can do that too. Can I have your name please?

B: My name is James Nash.

A: Thank you, Mr. Nash. We reserved your table for two at six this Wednesday.

B: Okay, thank you for your help.

A: 샤론 레스토랑입니다.
B: 두명 예약하고 싶습니다.
A: 언제 오실지 말씀해 주시겠어요?
B: 수요일 저녁 6시에 귀하의 식당으로 갈 것입니다.
A: 수요일 저녁 6시에 두 분이군요. 예약을 해드리겠습니다.
B: 그런데, 가능하다면, 창가의 코너 테이블이었으면 합니다.
A: 알겠습니다, 그렇게 해드리겠습니다. 성함을 말씀해주시겠습니까?
B: 제임스 내쉬입니다.
A: 감사합니다, 내쉬씨. 이번 수요일 6시에 두 분을 위한 테이블을 예약했습니다. ⬥
B: 알겠습니다, 감사합니다.

Chapter 04 식당 ⬥ **155**

Survival Listening

1. How large is your party?
   How many are in your party?
   How many people are there in your party?

2. What day do you want to come in?

3. What date would you like your dinner reservation?

4. What time do you want to have a reservation?

5. What time would you like your table?

6. May I have your name, please?

7. May I take your order? / Are you ready to order?

8. Is that for here or to go? / Do you want this for here or to go?
   / For here or to go?

   * 패스트 푸드점에서 음식을 주문할 때 듣는 표현이다. 대답은 'For here, please' 또는 'To go, please' 등으
   로 하면 된다.

1. 일행은 몇 분이십니까?
2. 언제 오시길 원하십니까?
3. 저녁 식사 예약을 언제로 하고 싶으십니까?
4. 몇시 예약을 원하십니까?
5. 테이블을 원하는 시간은 언제입니까?
6. 성함이 어떻게 되십니까?
7. 주문을 하시겠습니까?
8. 여기서 드실겁니까, 아니면 가져 가실겁니까?

MEMO

식당

Unit 14

음식 주문 및 기타 요구 사항

📍 Travel Vocabulary

- **beverage** 음료
  - non-alcoholic beverage 비알콜성 음료
  - liquor 술, 독한 술

- **chef** 요리사, 주방장
  - sous chef 부주방장

- **complimentary** 무료의

- **cutlery** 식탁용 나이프, 포크, 숟가락 등
  - napkin 냅킨

- **seasoning** 양념, 조미료
  - spicy 양념 맛이 강한

- **tip** 팁, 사례금

- **rare** (스테이크가) 설익은
  - medium-rare 약간 설 익은
  - medium 중간 정도로 익은
  - well done 완전히 익은

- **soft boiled** (달걀을) 살짝 익힌
  - hard boiled 완전히 익힌

- **sunny side up** 반숙으로 익힌
  - scrambled 휘저어 익힌

KEY EXPRESSIONS

1. 스테이크는 중간 정도로 익혀주세요.

I'd like my steak medium.

2. 나는 견과류 앨러지가 있어요.

I am allergic to nuts.

3. 미안하지만, 이 음식을 주문하지 않았어요.

Excuse me, I didn't order this.

4. 음식에 무엇인가 들어있어요.

I found something in my food.

5. 포크를 하나 더 가져다 주시겠어요?

Can I have another fork?

6. 아직 식사가 끝나지 않았어요.

We haven't finished yet.

7. 계산서 좀 주시겠어요?

May I have the bill?

1   I'd like my steak medium.
스테이크는 중간 정도로 익혀주세요.

스테이크를 주문할 때 익히는 정도를 요구하는 표현이다.

- 스테이크는 살짝 익혀주세요.
  I'd like my steak rare.

- 스테이크는 잘 익혀주세요.
  I'd like my steak well-done.

- 적당히 익혀 주세요.
  I would like it medium, please.

Useful Expressions

달걀의 익힘 정도를 나타내는 표현으로 sunny side up은 한 쪽만 프라이팬에 익힌 것을 의미한다. 양쪽을 다 익히는 것은 sunny side down이다. over easy는 양면을 익히지만 노른자가 액체 상태인 것을 의미하며, over medium은 반숙과 완숙의 중간 정도를 표현한다.

- I like my eggs over easy. 달걀은 반숙으로 익혀주세요.
- I like my egg over medium. 달걀은 적당히 익혀주세요.
- I like to have my egg over hard. 달걀은 완숙으로 익혀주세요.
- I'd like my egg sunny-side up. / Make it sunny side up, please.
  달걀은 한 쪽만 익혀주세요.

- I like my eggs soft boiled. 달걀은 반숙으로 삶아주세요.
- I like my eggs hard boiled. 달걀은 완숙으로 삶아주세요.
- I'd like my eggs scrambled. 달걀은 휘저어서 익혀주세요.

2   I am allergic to nuts.
나는 견과류 앨러지가 있어요.

주의해야 할 음식이나 앨러지가 있다는 것을 알리는 표현이다. 음식 재료 중에서 어떤 것을 빼달라고
요구할 때는 leave out을 사용한다.

· 버섯은 빼 주시겠어요?
Could you leave out mushrooms?

· 나는 새우 앨러지가 있어요.
I have a shrimp allergy.

· 새우는 빼 주시겠어요? 새우 앨러지가 있어요.
Could you leave out the shrimp? I am allergic to it.

TRAVEL INFORMATION

스테이크에도 여러 종류가 있다. 특히 사용된 고기의 부위별로 명칭이 다르므로 알고 있으면 음식을
주문할 때 도움이 된다.

· **Steak** – 고기를 두툼하게 썰어서 굽거나 지진 요리 ·
· **Fillet** (필레) – 육류나 생선의 뼈를 발라내고 저민 고기
· **Paillard** (파이야르) – 육류를 다진 후 얇게 펴서 구운 요리
· **Sirloin steak** – 쇠고기의 등심을 사용한 스테이크를 의미한다. 쇠고기의 등쪽으로 안심과 갈비
  부위 근처에 있는 부위로, 이 부위로 만든 스테이크는 남작의 작위를 받을 만큼 훌륭하다 하여 Loin
  에다 Sir를 붙여 Sirloin이 되었다.
· **Ribeye steak** – 갈비살에서 추출하는 것으로 꽃등심이라 부르기도 한다.
· **T-bone steak** – 소의 허리 부분의 뼈가 붙은 T자형 스테이크이다.

이외에도 Tenderloin steak (안심 스테이크), Veal steak (송아지 안심 스테이크) 등이 있다.

Excuse me, I didn't order this.

미안하지만, 이 음식을 주문하지 않았어요.

음식이 잘못 나왔을 때 사용할 수 있는 표현이다.

- 이것은 우리가 주문한 것이 아닙니다.
  This is not what we ordered.

- 미안하지만, 이 음식은 내가 주문한 것이 아닙니다.
  I am sorry, this meal isn't what I ordered.

- 미안하지만, 이것은 다른 사람의 음식인 것 같아요.
  I am sorry, this may be someone else's meal.

4

I found something in my food.

음식에 무엇인가 들어있어요.

음식에 이물질이 있을 때.

- 뭔가 이상한 것이 음식에 들어있군요.
  There is something strange in my food.

- 수프에 머리카락이 들어있어요.
  There is a hair in my soup.

5 Can I have another fork?
포크를 하나 더 가져다 주시겠어요?

포크를 떨어뜨렸거나, 그외 추가 요구 사항이 있을 때 사용할 수 있는 표현이다. 음식을 다시 데워 달라는 표현도 여기서 함께 다룬다.

- 나이프를 떨어뜨렸어요. 새로 하나 갖다 주시겠어요?
  I dropped my knife. Can I have a new one?

- 냅킨 좀 갖다 주시겠어요?
  Could you bring me some napkins?

- 테이블 위에 후추가 없군요.
  There is no pepper on the table.

- 수프를 좀 데워 주시겠어요?
  Could you heat this soup for me please?

- 스테이크가 덜 익혔군요. 좀 더 익혀주시겠어요?
  My steak is undercooked. Could I have it cooked a little more?

6 We haven't finished yet.
아직 식사가 끝나지 않았어요.

아직 식사가 끝나지 않았다고 표현할 때.

- 아직 식사가 끝나지 않았어요.
  We haven't finished eating yet.

- 아직 식사중입니다.
  We are still working on it.

May I have the bill?

계산서 좀 주시겠어요?

식사가 끝난 후, 계산서를 요청하는 표현이다. 계산서가 잘못 나왔다고 여겨져, 다시 확인을 부탁할 때의 표현도 함께 다룬다.

* 계산서 좀 갖다 주시겠어요?
  Can I have the bill, please?

* 계산서를 한 번 더 확인해 주시겠어요?
  Could you check the bill again for me?

* 계산서가 잘못된 것 같아요. 한 번 더 확인해 주시겠어요?
  You may have made a mistake with the bill. Can you check it again for me?

* 계산서를 한 번 더 확인해 주시겠어요? 음식 값이 너무 많이 나온 것 같아요.
  Can you check the bill again? I think you overcharged us for our meals.

* 영수증을 받을 수 있나요?
  Could I have a receipt, please?

이런상황에는 이렇게대화하자!

Situation Dialog

A: Good evening, are you ready to order?

B: Yes, I'd like to have the vegetable soup and the steak, please.

A: The steak is served with a choice of bread, rice, or baked potatoes.

B: I will have the baked potatoes please.

A: How do you want the steak cooked, rare, medium, or well done?

B: I would like it medium, please.

A: And what would you like to drink?

B: I'd like a cup of coffee, please.

A: Okay, your orders will be served soon.

A: 안녕하세요? 주문하시겠습니까?

B: 네, 야채 수프와 스테이크로 하겠습니다.

A: 스테이크는 빵이나 밥 또는 구운 감자와 함께 제공됩니다.

B: 구운 감자로 하겠습니다.

A: 스테이크는 설익힌 것과, 중간으로 익힌 것, 또는 완전히 익힌 것 중에서 어떤 것을 원하십니까?

B: 중간으로 익혀주세요.

A: 음료는 무엇으로 하시겠습니까?

B: 커피로 하겠습니다.

A: 알겠습니다. 곧 음식을 가져다 드리겠습니다.

Survival Listening

1. What would you like to drink?

2. What would you like for dessert?

3. Would you like coffee or tea?

4. What would you like to drink with your meal?

5. You can choose wine, orange juice, or mineral water.

6. How would you like your steak?
How would you like your steaks cooked?

7. How do you want your eggs?

8. Do you need anything else?

9. Your meal is on its way.

10. It won't take long.

1. 음료는 무엇으로 하실건가요?

2. 디저트는 뭘로 하시겠어요?

3. 커피나 홍차를 드시겠어요?

4. 식사와 함께 어떤 음료를 드시겠습니까?

5. 와인, 오렌지 주스, 그리고 미네랄 워터 중에서 선택하실 수 있습니다.

6. 스테이크는 어떻게 익혀드릴까요?

7. 달걀은 어떻게 요리해드릴까요?

8. 더 원하시는 것이 있습니까?

9. 식사가 곧 나올 것입니다.

10. 오래 걸리지 않을 겁니다.

Chapter 05

쇼핑

Unit 15

쇼핑1 – 매장 찾기

📍 TRAVEL VOCABULARY

- **shopping mall / shopping center** 쇼핑 센터
  - department store 백화점

- **boutique** 부티크, 양품점
  - convenience store 편의점

- **off-license** 주류 판매점
  - pharmacy / chemist 약국

- **baker's / bakery** 빵집, 제과점
  - butcher's 정육점
  - fishmonger 생선가게
  - greengrocer 청과물 상회
  - florist / botanist 꽃집, 꽃집 주인

- **deli** 조제 식품 판매점
  - pet shop 애완 동물 가게
  - news stand 신문파는 가게, 가판대

- **charity shop/ thrift store (in the US)** 자선 가게 (기증받은 물품들을 팔아 자선기금을 모으는 가게)
  - flea market 벼룩 시장
  - factory outlet 공장 직판 할인 매장

- **fitting room / changing room** 탈의실

쇼핑

KEY EXPRESSIONS

1. 이 근처에서 가장 가까운 쇼핑몰이 어디 있는지 아세요?

Do you know where the nearest shopping mall is?

2. 상점은 몇시에 문을 여나요?

What time does the store open?

3. 청바지를 찾고 있습니다.

I am looking for blue jeans.

4. 그냥 구경하고 있는 중입니다.

I am browsing.

5. 이것을 한 번 입어볼 수 있을까요?

Can I try this on?

6. 이 코트는 나에게 맞지 않아요.

This coat doesn't fit me.

1 Do you know where the nearest shopping mall is?

이 근처에서 가장 가까운 쇼핑몰이 어디 있는지 아세요?

쇼핑 장소 또는 매장을 찾을 때 사용할 수 있는 표현이다. 기분 문장 구조는 Do you know~?, Can you tell me~? 또는 간단하게 Is there~? 등으로 표현할 수 있다.

- 이 근처에 수퍼마켓이 있나요?
  Is there a supermarket around here?

- 편의점은 어디서 찾을 수 있나요?
  Where can I find a convenience store?

- 가장 가까운 서점이 어디 있는지 말씀해주시겠어요?
  Can you tell me where the nearest book store is?

2 What time does the store open?
상점은 몇시에 문을 여나요?

개장 시간을 묻는 표현이다.

- 상점은 몇시에 문을 닫나요?
  What time does the store close?

- 이 가게는 일요일에도 문을 여나요?
  Is this store open on Sundays?

- 일요일에 문을 여나요?
  Are you open on Sundays?

- 주말에 문을 여나요?
  Are you open on weekends?

원하는 물품이나 매장을 찾는 표현이다.

- 운동화를 찾고 있습니다.
  I am looking for a pair of training shoes.

- 여기서 숄더백을 판매하나요?
  Do you sell shoulder bags here?

- 배낭을 하나 사려고 합니다.
  I need to buy a backpack.

- 스포츠웨어는 몇 층에서 살 수 있나요?
  On which floor can I buy sportswear?

- 아동복 매장이 어디 있는지 말씀해 주시겠어요?
  Could you tell me where the children's clothing section is?

- 테니스 라켓을 사려고 합니다. 하나 추천해주시겠습니까?
  I want to buy a tennis racket. Can you give me any suggestions?

4 I am browsing.
그냥 구경하고 있는 중입니다.

윈도우 쇼핑 중임을 나타내는 표현이다.

- 그냥 둘러 보고 있는 중입니다.
  I am just looking around.

- 단순히 구경하고 있는 중입니다.
  I am just doing some window shopping.

5 Can I try this on?
이거 한 번 입어볼 수 있을까요?

옷을 입어 보거나 탈의실을 찾을 때 사용할 수 있는 표현이다. '옷이 맞는지 입어 본다'는 의미는 try on으로 표현한다.

- 어디서 이것을 입어볼 수 있나요?
  Where can I try this on?

- 탈의실이 있나요?
  Do you have fitting rooms?

- 탈의실은 어디에 있나요?
  Where is the changing room?

- 이것을 한 번 입어보고 싶은데요. 탈의실이 어디 있는지 말해주시겠어요?
  I'd like to try this on. Can you tell me where the fitting rooms are?

6　This coat doesn't fit me.
이 코트는 나에게 맞지 않아요.

치수가 맞지 않을 때, 이를 표현하는 문장들이다. 잘 맞을 때는 fit me well로 표현한다.

- 이 코트는 내게 잘 맞는군요.
  This coat fits me well.

- 이것은 내게 너무 커요.
  This is too big for me.

- 이것은 내게 너무 꽉 조이는 군요.
  This is too tight for me.

- 이것은 내게 너무 헐렁해요.
  This is too loose for me.

- 이 구두는 내게 너무 작아요.
  These shoes are too small for me.

쇼핑

Situation Dialog

A: Are you looking for anything in particular?

B: Yes, I am going to buy a shirt.

A: What size do you wear?

B: I usually wear medium sized shirts.

A: What do you think of this one here?

B: Yeah, it looks nice. Can I try it on?

A: Sure, there's a fitting room in that corner.

A: 찾으시는 것이 있나요?
B: 네, 셔츠를 하나 사고 싶습니다.
A: 치수가 어떻게 되시나요?
B: 셔츠는 대개 중간 크기를 입습니다.
A: 여기 이것은 어떤가요?
B: 네, 좋아 보입니다. 입어볼 수 있을까요?
A: 물론입니다. 저쪽 코너에 탈의실이 있습니다.

Chapter 05 쇼핑 **175**

Survival Listening

1. Please wait in line.
2. You have to wait in line until it is your turn.
3. Are you in line?
4. Can I help you?
5. Are you looking for anything in particular?
   Is there anything in particular you're looking for?
6. What size are you?
7. What size are you looking for?
8. Would you like to try this on?
9. Would you like anything else?

1. 줄을 서서 기다리세요.
2. 차례가 올 때까지 줄을 서서 기다려야 합니다.
3. 줄을 서고 있는 겁니까?
4. 도움이 필요하세요?
5. 특별히 찾는 것이 있으십니까?

6. 치수가 어떻게 되십니까?
7. 어떤 치수를 찾으십니까?
8. 이것 한 번 입어보시겠습니까?
9. 다른 원하시는 것이 있으세요?

쇼핑

★ Unit 16 ★

쇼핑2 – 사이즈 선택 및 색상 문의

TRAVEL VOCABULARY

- **manager** 매니저
  attendant / assistant 안내원, 종업원
  cashier 출납원

- **till / counter / checkout** 계산대

- **credit card** 신용 카드
  debit card 현금 카드

- **receipt** 영수증

- **sale** 판매, 할인 판매
  bargain 싸게 파는 물건
  special offer 특가 판매
  on special 특가로

- **clearance sale** 창고 정리 판매, 재고 정리 판매
  closing down sale 점포 정리 판매, 폐점 판매

178

KEY EXPRESSIONS

1. 이 제품으로 다른 사이즈가 있나요?

Have you got this in another size?

2. 이것으로 다른 색상이 있나요?

Do you have this in a different color?

3. 가격은 얼마인가요?

How much is it?

4. 할인해주실 수 있나요?

Can I get a discount?

5. 그 가격에는 무엇이 포함되어 있나요?

What is included in the price?

6. 이것으로 구매할께요.

I'll take this.

7. 현금으로 지급하겠습니다.

I'll pay in cash.

1 Have you got this in another size?

이 제품으로 다른 사이즈가 있나요?

사이즈가 맞지 않을 때 사용할 수 있는 표현이다. 그외 치수가 크거나 작은 경우, 또는 필요한 정확한 치수를 알고 있는 경우 사용할 수 있는 것들로 다음과 같은 표현들이 있다.

- 좀 더 작은 것이 있을까요?
  Do you have a smaller one?

- 이것으로 미디엄 사이즈가 있나요?
  Do you have this in medium?

- 이것으로 더 큰 사이즈가 있나요?
  Do you have this in a bigger size?

- 이것으로 한 치수 더 큰 것이 있나요?
  Do you have this in one size larger?

- 이 구두와 같은 것으로 8 사이즈가 있나요?
  Do you have these shoes in size 8?

2 Do you have this in a different color?
이것으로 다른 색상이 있나요?

같은 종류로 색상이 다른 상품을 찾을 때 사용할 수 있는 표현이다.

- 이것으로 검정 색상이 있나요?
  Do you have this in black?

- 이것으로 다른 색상이 있나요?
  Have you got this in another color?

- 같은 디자인으로 다른 색상이 있나요?
  Have you got the same design in other colors?

3 How much is it?
가격은 얼마인가요?

가격이 얼마인지 묻는 표현이다.

- 이것은 가격이 얼마인가요?
  How much does it cost?

- 이것의 가격은 얼마인가요?
  What is the price of this?

- 이것도 같은 가격인가요?
  Is this the same price?

- 내가 원하는 것이 그것입니다. 가격은 얼마인가요?
  I think that is what I want. How much is it?

Can I get a discount?
할인해주실 수 있나요?

가격 할인을 요청하는 표현이다.

- 이것은 세일 품목입니까?
  Is this on sale?

- 가격이 좀 비싸군요. 좀 더 싼 것이 있나요?
  It is a bit expensive. Do you have a cheaper one?

- 저의 예산을 넘는군요. 좀 저렴한 것이 있나요?
  That's over my budget. Do you have something less
  expensive?

5   What is included in the price?
그 가격에는 무엇이 포함되어 있나요?

구매하고자 하는 상품에 부속품이 있는 경우.

- 이것은 리모콘이 딸려 옵니까?
  Does it come with a remote control?

- 그 가격에 헬멧이 포함되어 있나요?
  Is a helmet included in the price?

- 그 가격에 라켓 가방이 포함되어 있나요?
  Is the racket bag included in the price?

6   I'll take this.
이것으로 구매할께요.

구매 결정을 내렸을 때의 표현이다.

- 이것으로 하겠습니다. 포장해주세요.
  I will take it. Please wrap it up for me.

- 그것이 바로 제가 찾던 것입니다. 그것을 사겠습니다.
  That's exactly what I'm looking for. I will buy it.

7   I'll pay in cash.
현금으로 지급하겠습니다.

현금 또는 카드 사용 등, 결제하는 방법에 관한 표현이다.

- 수표로 지불할 수 있나요?
  Can I pay by check, please?

- 신용 카드를 사용할 수 있나요?
  Do you accept credit cards?
  Do you take credit cards?

- 여행자 수표를 사용할 수 있나요?
  Do you accept traveler's checks?

- 영수증을 발행해 주시겠어요?
  Can I have a receipt, please?
  Can you give me a receipt?

쇼핑

Situation Dialog

A: Good afternoon, do you need any help?

B: Yes, I am looking for a shoulder bag. I prefer one in a large size.

A: How about this? It is one of the most popular models on the market these days.

B: I like the style but do you have it in a different color?

A: Yes, we have it in blue, pink, and brown.

B: I'd like it in brown. How much is it?

A: It is $250.

B: Okay, I will take it. Do you take credit cards?

A: Yes, we accept most credit and debit cards.

A: 도움이 필요하세요?
B: 네, 숄더 백을 찾고 있습니다. 라지 사이즈로요
A: 이건 어때요? 요즘 가장 인기 있는 모델들 중에 하나입니다.
B: 스타일은 마음에 드는군요, 그런데 다른 색상이 있나요?
A: 네, 청색과 핑크색, 그리고 갈색이 있습니다.
B: 갈색이 마음에 드는군요, 가격은 얼마죠?
A: 250달러입니다.
B: 좋습니다. 그것으로 하겠습니다. 신용카드 사용할 수 있나요?
A: 네, 저희는 대부분의 신용카드와 현금카드를 받습니다.

Chapter 05 쇼핑 **185**

Survival Listening

1. We don't have any more in stock.

2. I am sorry. We don't have any of those left.

3. That's the best I can offer.

4. How would you like to pay?

5. Would you like a bag? / Do you need a (plastic) bag?
   * 비닐 봉지가 필요할 때는 Can I have a plastic bag?하고 표현한다.

6. Would you like that gift wrapped?

7. Please insert your card.

8. Enter your PIN, please.

9. Remove your card, please.
   * 현금 카드나 신용 카드로 금액을 지불할 때 계산 결제가 되었으므로 카드 판독기에서 카드를 빼달라는 의미이다.

10. Please retain this receipt for your records.

1. 더 이상 남아 있는 제품이 없습니다.
2. 죄송합니다. 이 품목은 더 이상 남은 것이 없군요.
3. 이 가격이 제가 제공할 수 있는 가장 좋은 가격입니다.
4. 어떻게 지불하시겠습니까?
5. 봉투가 필요하십니까?
6. 선물용 포장을 원하십니까?
7. 카드를 넣어세요.
8. 비밀번호를 눌러주세요.
9. 카드를 빼주세요.
10. 이 영수증을 구매기록으로 보관하세요.

쇼핑

Unit 17

교환 및 환불 문의

Travel Vocabulary

- **complaint** 불평, 항의
- **change** 바꾸다
  exchange 교환하다
  return 반환하다
  take back 반품을 받다, 회수하다
- **defect** 결함
  defective 결함이 있는 (제품)
- **policy** 규정
  warranty 보증
  refund policy 환불 규정
  care instructions 관리 사항, 관리 지침
- **regular price** 정상 가격
  sale price 할인 가격
- **refund** 환불하다
  refundable 환불할 수 있는
- **replace** (다른 것으로) 대체하다
  replacement 교체, 대체물
- **refund or replacement** 환불해주거나 다른 상품으로 바꾸어 주는 것

1. 불만 사항을 말하고자 합니다.

I'd like to make a complaint.

2. 이것을 반품하고 싶어요.

I would like to return this.

3. 환불 받을 수 있나요?

Can I get a refund?

Can I have a refund?

4. 이것을 다른 것과 교환하고 싶습니다.

I'd like to exchange this for something else.

5. 이것이 작동하지 않아요.

It does not work.

6. 당신의 제안은 마음에 들지 않습니다.

I am not happy with your offer.

1 I'd like to make a complaint.

불만 사항을 말하고자 합니다.

구입했던 상품에 문제가 있다고 말하는 표현이다. 그 다음 문제가 무엇인지 설명한 후, 필요한 조치나 요구사항을 말해주는 것이 적절한 순서이다.

- 불만 사항이 있습니다.

  I have a complaint to make.

- 지난 주 이곳에서 구입했던 물품에 관한 불만 사항을 말하고자 합니다.

  I'd like to make a complaint about the item I bought here last week.

- 어제 여기서 구입했던 제품에 문제가 있습니다.

  There is a problem with the product I bought here yesterday.

Useful Expressions

문제를 해결해 줄 수 있는 사람을 찾는다는 의미로 Can[May] I speak to someone~?의 표현도 유용하게 사용할 수 있다:

- Can I speak to your manager, please? 매니저와 이야기 할 수 있나요?
- Who can I speak to about making a complaint? 불만 사항은 누구에게 말해야 하나요?

발생한 문제에 관해 미리 구체적으로 설명하는 것도 상황을 신속하게 해결하는 데 도움이 된다.

- I purchased this watch here last month, and it stopped working yesterday. 지난 달 여기서 이 시계를 구입했는데, 어제 작동이 멈추었습니다.

2   I would like to return this.
이것을 반품하고 싶어요.

구매한 상품을 반품하고 싶다는 의사를 표현하는 문장이다.

- 이 가방을 반품하기를 원합니다.
  I want to return this bag.

- 잘못된 치수를 구입했습니다. 반품할 수 있나요?
  I bought the wrong size. Can I return this?

3   Can I get a refund?
 Can I have a refund?
환불받을 수 있나요?

환불을 요구하는 표현이다. '환불받다'는 get a refund 또는 (get) money back으로 나타낼 수 있다.

- 환불받고 싶습니다.
  I'd like to get a refund.

- 이것에 대해 환불을 받을 수 있는지 알고 싶습니다.
  I wonder if I can get a refund for this.

- 이 제품에 대해 환불을 받고 싶습니다.
  I'd like to get a refund for this product.

- 나는 이 품목을 반환하고 싶습니다. 환불이 가능합니까?
  I want to return this item. Is it refundable?

- 가능하다면, 나는 돈을 되돌려 받고 싶습니다.
  If it is possible, I would like my money back.

4 I'd like to exchange this for something else.
이것을 다른것과 교환하고 싶습니다.

구매한 제품을 다른 제품과 교환을 원할 때 사용할 수 있는 표현이다.

- 이것을 다른 색상으로 바꿀 수 있을까요?
  Can I change this for a different color?

- 어제 이것을 구입했는데 나에게 맞지 않아요. 다른 치수로 바꿀 수 있나요?
  I bought this yesterday but it doesn't fit me. Can I change it for a different size?

- 잘못된 치수를 구입했다는 것을 알았어요. 다른 치수로 교환하고 싶습니다.
  I realized that I had bought the wrong size. I would like to change this for a different size please.

5 It does not work.
이것이 작동하지 않아요.

반품이나 교환을 원하는 이유를 설명하는 표현이다. 매장을 방문하기 전에 설명할 표현을 미리 정리해두는 것이 좋다.

- 결함이 있어요.
  It is faulty.

- 나한테 맞지 않아요.
  It does not fit me.

- 마음에 들지 않아요.
  I don't like it.

- 금이 가 있어요.
  There is a crack.

- 컵 손잡이에 금이 가 있어요.
  There is a crack on the handle of the cup.

- 접시 뒷면에 금이 가 있는 것을 발견했어요.
  I found there was a crack on the bottom of the plate.

- 재킷에 얼룩이 몇 군데 있는 것을 발견했어요.
  I found there were some stains on the jacket.

I am not happy with your offer.
당신의 제안은 마음에 들지 않습니다.

불평에 대한 배상이나 제안이 만족스럽지 않음을 나타내는 표현이다.

- 그것은 부당합니다.
  ### That is unfair.

- 나는 그것이 타당하다고 생각하지 않습니다.
  ### I don't think it is fair.

- 죄송하지만 나는 그 제안을 받아들일 수 없습니다.
  ### I'm afraid I can't accept the offer.

- 나는 당신의 제안이 타당하다고 생각하지 않습니다.
  ### I don't think your offer is reasonable.

- 당신의 제안은 마음에 들지 않습니다. 나는 전액 환불을 원합니다.
  ### I am not happy with your offer. I want a full refund.

Situation Dialog ☐

A: Hi, I bought this camera here yesterday.

B: Yes, I remember you were here yesterday, How can I help you?

A: I'm not happy with this product. I think it is defective.

B: Can I ask what is wrong with it, please?

A: It keeps going off on its own.

B: Have you checked the batteries?

A: Yes, I have, but there was nothing wrong with the batteries.

B: Okay, I will ask our staff to check it for you. If it is faulty, we will give you a refund or replacement, whichever you prefer.

A: How long will it take?

B: It won't take long. Would you please wait here for a few minutes?

A: No problem.

A: 어제 이 사진기를 여기서 구매했습니다.

B: 네, 어제 오셨던 것을 기억합니다. 어떻게 도와드릴까요?

A: 제품이 만족스럽지 못합니다. 결함이 있는 것 같아요.

B: 무엇이 문제인지 여쭤봐도 될까요?

A: 스위치가 계속해서 꺼집니다.

B: 배터리를 체크해보셨나요?

A: 네, 해봤습니다. 배터리에는 문제가 없었습니다.

B: 알겠습니다. 저희 직원에게 검사를 시켜보겠습니다. 결함이 있다면 환불이나 교체품 중 원하시는 것을 드리겠습니다.

A: 얼마나 오래 걸리나요?

B: 오래 걸리지는 않습니다. 여기서 잠시 기다려 주시겠습니까?

A: 네, 좋습니다.

Survival Listening

교환 또는 환불을 받고자 할 때 판매인으로부터 들을 수 있는 표현들이다.

1. Can I see your receipt?

2. Do you have your receipt?

3. May I ask why you are returning this, please?

4. Can you tell me why you want a refund, please?

5. Can you tell me what is wrong with the item?

6. I am sorry but sale items are not refundable.

7. Would you like a replacement or a refund?

---

1. 영수증을 보여 주실래요?

2. 영수증을 가지고 계십니까?

3. 왜 반품을 하려는지 물어봐도 되겠습니까?

4. 왜 환불을 원하시는지 말씀해주실 수 있나요?

5. 이 제품에 무엇이 잘못되었는지 말씀해주시겠어요?

6. 죄송하지만 할인 판매 품목은 환불이 되지 않습니다.

7. 교환을 원하십니까 아니면 환불을 원하십니까?

✈ TRAVEL ENGLISH

Chapter 06

관광지, 공연장 및 편의 시설

길, 모르면 물어보면 되지 뭘!

목적지 및 방향 찾기

TRAVEL VOCABULARY

- **underpass** 지하도 ,
  overpass / flyover 육교

- **level crossing** (철도) 건널목
  pedestrian crossing 횡단 보도
  zebra crossing 횡단 보도
  * 도로를 줄 무늬로 표시한 보행자 우선 지역

- **lane** 차선
  the left-hand lane 왼쪽 차선
  the right-hand lane 오른쪽 차선
  the bus lane 버스 전용 차선

- **junction** 교차로
  bridge 교각, 다리
  square 광장

- **next to** 바로 옆에, 다음에
  opposite 반대편에

- **museum** 박물관
  art gallery 미술관

- **zoo** 동물원
  botanical garden 식물원
  aquarium 수족관
  amusement park / fun park 놀이 공원

- **stadium** 경기장, 스타디움

KEY EXPRESSIONS

1. 시청은 어떻게 가야 합니까?

How do I get to the city hall?

2. 이 주소를 찾고 있어요.

I am looking for this address.

3. 이 지도에서 제가 있는 위치가 어디입니까?

Where am I on this map?

4. 얼마나 머나요?

How far is it?

5. 이길이 센트럴 파크로 가는 바른 길인가요?

Is this the right way to Central Park?

6. 걸어서 갈 수 있나요?

Can I get there on foot?

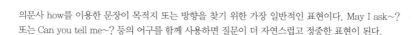

FURTHER EXPRESSIONS

1 # How do I get to the city hall?
시청은 어떻게 가야 합니까?

의문사 how를 이용한 문장이 목적지 또는 방향을 찾기 위한 가장 일반적인 표현이다. May I ask~? 또는 Can you tell me~? 등의 어구를 함께 사용하면 질문이 더 자연스럽고 정중한 표현이 된다.

- 공설 시장은 어떻게 갈 수 있나요?

  How can I get to the open market?

- 미술관은 어떻게 가야하는지 여쭤봐도 될까요?

  May I ask you how to get to the art center?

- 실례합니다, 시립 박물관은 어떻게 갈 수 있는지 말씀해주시겠어요?

  Excuse me, could you tell me how I can get to the city museum?

2   I am looking for this address.
이 주소를 찾고 있어요.

I am looking for~구문을 이용하여 찾고 있는 목적지를 표현할 수 있다.

- 기차역을 찾고 있습니다.

  I am looking for the train station.

- 우리는 로얄 극장을 찾고 있습니다.

  We are looking for the Royal Theater.

- 시립 박물관을 찾고 있어요. 그곳이 어디있는지 아세요?

  I am looking for the city museum. Do you know where it is?

Useful Expressions

방향을 나타내는 표현들

- **go along** (도로를) 따라가다
- **go straight on** 똑바로가다
- **go across** 건너다, 횡단하다
- **go through** 지나다, 통과하다
- **go back** 돌아가다

- **on your left** 왼쪽에
- **on your right** 오른쪽에
- **turn left** 왼쪽으로 돌다
- **turn right** 오른쪽으로 돌다

3 Where am I on this map?
이 지도에서 제가 있는 위치가 어디입니까?

지도상에 있는 위치를 찾고자 할 때 사용하는 표현이다.

- 이 지도상으로 제가 있는 위치를 말씀해주시겠어요?
  Can you show me where I am on this map?

- 이 지도상으로 우리가 있는 위치를 말씀해주시겠어요?
  Can you tell me where we are on this map?

- 지도상의 이 장소에 어떻게 갈 수 있나요?
  How can I get to this place on the map?

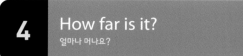

4 | How far is it?
얼마나 머나요?

거리 또는 걸리는 시간에 관해 질문하는 문장이다.

- 여기서 먼가요?
  Is it far from here?

- 그곳까지 가려면 얼마나 걸리나요?
  How long does it take to get there?

- 그곳까지 걸어서 가면 얼마나 걸리나요?
  How long will it take to walk there?

- 걸어서 갈 수 있는 거리인가요?
  Is it within walking distance?

Is this the right way to Central Park?
이길이 센트럴 파크로 가는 바른 길인가요?

목적지로 가는 방향을 묻는 질문이다.

- 이 근처에 우체국이 있나요?
  Is there a post office around here?

- 경기장으로 가려면 어느 길로 가야 하나요?
  Which way should I go to get to the stadium?

Can I get there on foot?
걸어서 갈 수 있나요?

목적지까지 가는 교통 수단을 묻는 질문이다.

- 버스로 갈 수 있나요?
  Can I get there by bus?

- 택시를 타야 하나요?
  Should I take a taxi?

- 미술관까지 가는 버스가 있나요?
  Is there a bus that goes to the art center?

- 시내까지 가는 버스가 있나요?
  Is there a bus I can take downtown?

- 택시를 타야 하나요? 그곳에 가는 다른 방법은 없나요?
  Do we have to take a taxi? Is there any other way to get there?

Situation Dialog

A: Excuse me. I am looking for the City Bank. Could you tell me how I can get there?

B: Go down this street for two blocks. You will see a bookstore. It is on your left.

A: A book store on my left.

B: Yes, turn left at the first corner after the bookstore. Then you are on Prince Street. Keep going straight along the street. The City Bank is at the end of Prince Street. It is a big white building. You can't miss it.

A: How far is it? Does it take long to get there?

B: No, it's just a ten-minute walk from here.

A: Thank you very much.

B: You're very welcome.

A: 실례합니다. 씨티 은행을 찾고 있습니다. 어떻게 갈 수 있는지 말씀해주시겠어요?

B: 이길을 따라 두 블록을 가세요. 그러면 서점을 볼 수 있을 것입니다. 왼쪽에요.

A: 왼쪽에 서점이라구요.

B: 네, 그 서점을 지나 첫 코너에서 왼쪽으로 도세요. 그러면 프린스가가 나옵니다. 그 길을 따라 똑바로 가세요. 씨티 은행은 프린스가 끝에 있어요. 큰 흰색 건물입니다. 바로 눈에 뜨일 겁니다.

A: 얼마나 먼가요? 시간이 많이 걸리나요?

B: 아니요, 여기서부터 걸으시면10분이면 됩니다.

A: 감사합니다.

B: 괜찮습니다.

난처한 상황들 이제 들린다!

Survival Listening

목적지까지 가는 길 또는 방향을 물었을 때, 상대방의 설명을 정확히 듣는 것은 매우 중요하다. 다음은 방향을 설명할 때 자주 사용되는 표현들이다.

1. The book store is next to the museum.

2. The restaurant is opposite the book store.

3. The library is on the left of the city hall.

4. Go straight on and cross the road.

5. The post office is on your right.

6. Go straight and turn left at the first corner.

7. You will see a tall building opposite the shopping mall. That building is the City Hall.

1. 서점은 박물관 바로 옆에 있어요.
2. 식당은 서점 맞은편에 있어요.
3. 도서관은 시청 왼쪽에 있어요.
4. 똑바로 가서 길을 건너세요.

5. 우체국은 당신의 오른쪽에 있어요.
6. 똑바로 가서 첫 번째 코너에서 왼쪽으로 도세요.
7. 쇼핑몰 맞은편에 큰 건물이 보이실 것입니다.
   그 건물이 시청입니다.

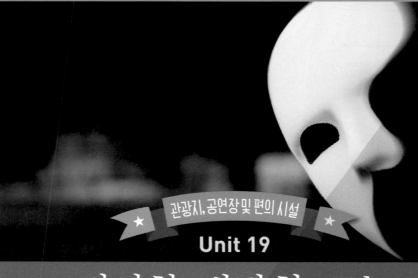

Unit 19

관광지, 공연장 및 편의 시설

전시회, 박람회, 또는
공연장 방문

📍 TRAVEL VOCABULARY

공연장
• **box office** 매표소
wristband 손목 밴드
* 공연장에 입장료를 내고 입장했다는 표시로 제공됨.
• **solo** 독창, 독주
duet 이중주, 이중창
brass band 브라스 밴드, 취주 악단
choir 합창단
orchestra 오케스트라, 관현악단
conductor 지휘자
• **venue** 장소, 공연장
seating layout 좌석 배치도
• **intermission** 막간, 중간 휴식 시간

박물관
• **archeology** 고고학
artifact 공예품
relic 유물, 유적
antique 골동품
gallery 미술관, 화랑
• **exhibit / exhibition** 전시회
collection 수집품, 소장품
torso 토르소 (몸통만으로 된 조각상)
bust 흉상, 반신상
statue 조각상

KEY EXPRESSIONS

1. 입장료는 얼마입니까?

How much is admission?

2. 미술관은 언제 개장합니까?

What time does the art center open?

3. 공연은 몇시에 시작합니까?

What time does the show start?

4. 오늘 공연 티켓 두 장을 살 수 있을까요?

Can I get two tickets for tonight's show?

5. 경기 시작은 몇시입니까?

What time does the game kick off?

6. 휴게실이 어디 있는지 아십니까?

Do you know where the lounge is?

1 How much is admission?
입장료는 얼마입니까?

박물관, 공연장 또는 운동 경기장 등의 장소에 입장하고자 할 때 요금이 얼마인지 묻는 질문이다. 상황에 맞게 문장을 다양하게 변형시키는 연습을 통해 표현력을 향상시킨다.

- 입장료는 얼마입니까?

  How much is the admission fee?
  How much is the entrance fee?

- 입장하는데 드는 비용은 얼마입니까?

  How much does it cost to get in?

- 갤러리 입장료는 얼마인가요?

  What is the admission fee to the gallery?

- 어린이들의 입장료는 얼마입니까?

  How much is the admission fee for children?

- 단체 할인을 제공합니까?

  Do you offer discounts for groups?

TRAVEL INFORMATION

놀이 공원 또는 박물관의 입장료는 가격 적용 그룹이 여러 종류로 나누어져 금액에 차이가 있다. 대부분의 경우 어린이들은 무료이거나 반액 또는 가족 고객을 위한 가격 할인 혜택을 제공한다.

그룹 분류의 예

adults 성인	groups 단체
children 어린이	family ticket 가족용 할인 티켓
students 학생 (Student ID 요구)	concessions 할인, 할인표
seniors 노인	* 어린이 또는 학생 등의 할인을 집합적으로 의미함

2 What time does the art center open?
미술관은 언제 개장합니까?

개장이나 폐장 시간을 묻는 질문이다.

- 박물관은 언제 문을 닫습니까?
  What time does the museum close?

- 오늘은 언제 문을 닫나요?
  What time do you close today?

3   What time does the show start?
공연은 몇시에 시작합니까?

공연 시간을 묻는 질문이다.

- 뮤지컬은 몇시에 시작합니까?
  What time does the musical begin?

- 공연은 얼마나 오래 걸립니까?
  How long will the performance last?

- 공연은 몇시에 끝나요?
  What time does the performance end?

TRAVEL INFORMATION

• 관광지에 흔히 볼 수 있는 사인의 종류

Entrance 입구	No entry / Keep out 출입 금지
Exit / Way out 출구	No pets allowed 애완 동물 반입 금지
Open 개관중	
Closed 휴업	No photographs / No photography allowed
Wet Floor 바닥이 젖어 있음	사진 촬영 금지
Wet Paint 페인트 주의	No flash photography 플래쉬 사용 금지

4 Can I get two tickets for tonight's show?
오늘 공연 티켓 두 장을 살 수 있을까요?

매표소를 찾거나 입장권을 구입하는 표현이다.

- 매표소는 어디 있나요?
  Where is the ticket office?

- 어디서 표를 구입할 수 있나요?
  Where can I get a ticket? / Where can I buy tickets?

- 토요일 공연 티켓이 남았나요?
  Are there any tickets left for the Saturday show?

- 3시 공연 좌석이 남아있나요?
  Are there any seats available for the three o'clock show?

- 어른 티켓 한 장 그리고 어린이 티켓 두 장을 주세요.
  I`d like to buy tickets for one adult and two children.

5 What time does the game kick off?
경기 시작은 몇 시입니까?

운동 경기나 콘서트 등의 시작 시간 또는 휴식 시간 등에 관한 질문이다.

- 콘서트 중간에 휴식 시간이 있나요?
  Is there an intermission at the concert?

- 공연의 휴식 시간은 얼마나 됩니까?
  How long is the intermission at the show?

6 Do you know where the lounge is?

휴게실이 어디 있는지 아십니까?

입구나 출구 또는 기타 장소를 찾는 표현이다. 극장이나 공연장의 좌석 배치도에 관해 묻는 질문도 여기서 다룬다.

- 입구는 어디입니까?
  Where is the entrance?

- 출구는 어디입니까?
  Where is the exit?

- 화장실은 어디 있습니까?
  Where is the restroom?

- 선물 가게는 어디 있습니까?
  Where is the gift shop?

- 음료와 스낵을 살 수 있는 곳이 있나요?
  Is there someplace where I can buy drinks and snacks?

- 좌석 배치도를 보여주시겠어요?
  Can you show me the seating layout?

- 좌석 배치도를 볼 수 있을까요?
  May I have a look at the seating plan?

Situation Dialog

A: Hello, is it possible to get tickets for today's performance?

B: What time would you like the tickets for?

A: Are tickets for the five o'clock show available?

B: I'm sorry, they are sold out, but we have seats left for the seven o'clock show.

A: I'd like to buy two tickets at seven, then.

B: Where would you prefer to sit? You can choose from the front, middle or the back.

A: The middle please.

B: That will be $28. How would you like to pay?

A: I will pay in cash.

A: 오늘 공연 입장권을 살 수 있나요?

B: 몇시 공연 티켓을 원하십니까?

A: 5시 공연 티켓을 구입할 수 있을까요?

B: 죄송합니다. 모두 팔렸습니다. 하지만 7시 공연 좌석은 남아 있습니다.

A: 그렇다면 7시 공연으로 두 장을 사겠습니다.

B: 어디에 앉으시겠습니까? 앞과 가운데 그리고 뒷좌석에서 선택하실 수 있습니다.

A: 가운데 좌석으로 하겠습니다.

B: 28달러입니다. 어떻게 지불하시겠습니까?

A: 현금으로 지불하겠습니다.

Survival Listening

사진 촬영 금지 표현

1. You can't take pictures in this area.

2. You are not allowed to take photographs in this museum.

3. Photography is strictly forbidden in this art gallery.

어린이 출입 금지 표현

4. No kids are allowed.

5. Children are not allowed to play on this site.

6. Children under 12 must be accompanied by an adult.

그외 주의표현

7. Do not touch

8. Do not climb

9. Watch your head

1. 이 구역에서 사진을 찍을 수 없습니다.

2. 이 박물관에서는 사진찍는 것이 허용되지 않습니다.

3. 이 미술관에서는 사진 촬영이 엄격히 금지됩니다.

4. 어린이 입장 금지

5. 어린이들은 이 구역에서 놀면 안됩니다.

6. 12세 이하의 어린이들은 어른이 동반해야 합니다.

7. 손대지 마시오

8. 올라가지 마시오

9. 머리 조심

우체국에서

TRAVEL VOCABULARY

- **postage** 우편 요금
  - postal clerk 우체국 직원
  - mailman / postman 우체부
  - postbox / mailbox 우체통

- **address** 주소
  - addressee 수신인
  - return address 반송 주소
  - zip code 우편 번호

- **stamp** 우표
  - first class stamp 빠른 우편용 우표
  - second class stamp 보통 우편용 우표

- **tracking number** 배송조회번호
  - * 배송 상황을 알 수 있도록 부여된 배송 물품의 고유 번호

- **envelope** 봉투
  - window envelope 창 달린 봉투
  - * 수신인의 이름과 주소가 보일 수 있게 투명 종이를 붙인 봉투.
  - jiffy bag 지피 백, 쿠션 봉투
  - * 내용물을 보호하기 위한 소포용 쿠션 봉투

- **fragile** 손상되기 쉬운
  - registered 등기의
  - express 속달

KEY EXPRESSIONS

1. 이 소포를 빠른 우편으로 보내고 싶습니다.

I'd like to send this parcel first class.

2. 이 소포를 서울로 보내려 합니다.

I'd like to send this parcel to Seoul.

3. 얼마입니까?

How much is it?

4. 얼마나 오래 걸리나요?

How long will it take?

5. 빠른 우편 우표 두 장주세요.

Two first class stamps, please.

1 I'd like to send this parcel first class.
이 소포를 빠른 우편으로 보내고 싶습니다.

우체국에서 편지 또는 소포를 보내는 우편의 종류는 다양하다. 우체국에서 취급하는 배송의 종류와 그 표현 방법을 연습해보기로 한다.

- 이 편지를 보통 우편으로 보내려 합니다.
  I'd like to send this letter (by) second class.

- 이 소포를 등기 우편으로 보내고 싶습니다.
  I want to send this package by registered mail.

- 이것을 보내는 가장 빠른 방법은 무엇입니까?
  What is the fastest way to send this?

- 이것을 보내는 가장 싼 방법은 무엇입니까?
  What is the cheapest way to send it?

TRAVEL INFORMATION

우편의 종류
- air mail 항공 우편
- surface mail 선박 우편, 또는 항공 우편이 아닌 일반 우편
- first class 빠른 우편
- second class 보통 우편
- registered mail 등기 우편
- express mail 속달 우편
- special delivery 등기 속달 우편의 일종으로 24시간 이내에 배송되는 것을 보장한다.

2 I'd like to send this parcel to Seoul.
이 소포를 서울로 보내려 합니다.

배송 목적지를 말할 때의 표현이다.

- 이 편지를 항공 우편으로 홍콩으로 보내고 싶습니다.
  I want to send this letter to Hong Kong by air mail.

- 이 상자들을 선박 우편으로 동경으로 보내고 싶습니다.
  I'd like to send these boxes to Tokyo by surface mail.

3,4 How much is it? 얼마입니까?
How long will it take? 얼마나 오래 걸리나요?

배송료 및 배송 기간에 관해 문의할 때 사용하는 표현이다. 배송료는 How much~? 로 그리고 배송 기간은 How long~? 으로 표현한다.

- 항공 우편으로 보내면 얼마입니까?
  How much is it for air mail?

- 이것을 보내려면 우편료는 얼마를 지불해야 합니까?
  How much postage do I need for this?

- 이 소포를 한국으로 보내려면 비용이 얼마가 드나요?
  How much will it cost to send this parcel to South Korea?

- 그곳에 도착하는데 얼마나 걸립니까?
  How long will it take to get there?

Two first class stamps, please.
빠른 우편 우표 두 장주세요.

우표 또는 봉투를 사고자 할 때 사용할 수 있는 표현이다.

- 빠른 우편 우표 두 장을 사고 싶습니다. 얼마인가요?
  I want to buy two first class stamps. How much are they?

- 여기서 보통 우편 우표를 한 장 살 수 있나요?
  Can I buy a second class stamp here?

- 봉투 한 장 주세요.
  I'd like an envelope.

- 빠른 우편 우표 다섯 장과 봉투 한 팩 주세요.
  I'd like five first class stamps and a pack of envelopes.

- 여기서 소포용 쿠션 봉투를 판매합니까?
  Do you sell jiffy bags here?

Situation Dialog

A: Hi, I'd like to mail this package to Chicago, please.

B: Let's see how much it weighs. Please place the parcel on the scale in front of you.

A: Sure.

B: Thank you. It will cost you $6.80. Do you want additional insurance for your parcel?

A: No, I don't.

B: Do you need anything else?

A: Yes, I need a book of first class stamps.

B: Okay, a book has 20 stamps and it costs $9.80.

A: How much is it all together?

B: Your total comes to $16.60.

A: 이 소포를 시카고로 보내고 싶습니다.

B: 무게가 얼마나 되는지 보겠습니다.
앞에 있는 저울에 소포를 올려주시겠어요?

A: 그러죠.

B: 감사합니다. 비용은 6달러 80센트입니다.
소포에 대한 추가 보험을 드시겠습니까?

A: 아닙니다. 괜찮습니다.

B: 다른 필요한 것 있으세요?

A: 네, 빠른 우편용 우표첩을 한 권 사려고 합니다.

B: 알겠습니다. 우표첩은 20장의 우표가 들어 있으며 가격은 9달러 80센트입니다.

A: 전부 얼마입니까?

B: 전부 합해서 16달러 60센트입니다.

Survival Listening

우체국에서 우편물을 보낼 때 직원으로부터 들을 수 있는 표현들이다.

1. How would you like to send it?
How do you want it sent?

2. Can you put the letter on the scale, please?

3. Are there any fragile items inside?

4. Would you put down the value of the item in the package?

5. Would you like to insure your package?

6. Do you need any additional insurance for your parcels?

* 우체국에서 기본으로 보증하는 금액을 초과하는 물품을 우편으로 보내는 경우 추가 보험을 들 것을 권한다.

1. 어떤 우편으로 보내기를 원하십니까?
2. 편지를 저울 위에 올려 놓으시겠습니까?
3. 안에 깨지기 쉬운 물품이 있나요?

4. 소포에 든 물품의 가격을 기록해 주시겠습니까?
5. 소포를 보험에 들겠습니까?
6. 소포에 대한 추가 보험이 필요하십니까?

관광지, 공연장 및 편의 시설

Unit 21

은행에서

- **account** 계좌
  branch 지점, 지사

- **cash** 현금, 현금으로 바꾸다
  check 수표

- **traveler's check** 여행자 수표
  cash a check 수표를 현금으로 바꾸다

- **currency** 통화
  deposit 예금하다, 예치하다

- **credit card** 신용 카드
  withdraw 인출하다

- **teller** 창구 직원, 현금 지급기
  ATM 현금 자동 입출금기
  * Automated Teller Machine

KEY EXPRESSIONS

1. 여행자 수표를 현금으로 바꾸고 싶습니다.

I would like to cash a traveler's check.

2. 여기서 외화를 환전할 수 있나요?

Can I exchange foreign currency here?

3. 외국으로 송금하고 싶습니다.

I would like to send some money overseas.

4. 계좌에서 돈을 인출하고 싶습니다.

I would like to withdraw money from my account.

5. 계좌에 돈을 예금하고 싶습니다.

I would like to deposit some money into my account.

1 I would like to cash a traveler's check.

여행자 수표를 현금으로 바꾸고 싶습니다.

여행사, 우체국 또는 은행에서 여행자 수표를 현금화하고 싶을 때 사용할 수 있는 표현이다.

- 여기서 여행자 수표를 현금으로 바꿀 수 있을까요?
  Can I cash my traveler's checks here?

- 나의 여행자 수표 일부를 현금으로 바꾸고 싶습니다.
  I want to cash some of my traveler's checks.

- 여기서 여행자 수표를 구입할 수 있나요?
  Can I buy traveler's checks here?
  * 여행자 수표를 매입하는 것은 buy traveler's checks으로 표현한다.

- 여행자 수표를 2000달러치 사고 싶습니다.
  I would like to buy $2000 worth of traveler's checks.

TRAVEL INFORMATION

Traveler's checks

여행자 수표는 traveler's check 또는 T/C라고 한다. 신용 카드의 보편화로 인해 여행자 수표는 최근 들어 그 인기가 점점 줄어들고 있지만, 여전히 장기간 해외 여행을 할 때 분실 또는 도난을 방지하기 위해 현금 휴대를 대체하는 안전한 방법중의 하나가 되고 있다. 여행자 수표는 은행의 자기앞 수표 형식으로 발행되는 것으로 도난당하거나 분실했을 경우 보상을 받을 수 있다. 여행자 수표를 발급 받음과 동시에, 윗쪽 서명난에 서명을 한 후, 수표 상단에 있는 번호를 기록해 둔다. 아랫쪽 서명난은 수표를 사용할 때 기록하는 것으로 수표의 소유자임을 확인시키기 위한 장치이다. 수표 상단에 서명을 하지 않았거나 양쪽 모두에 서명을 했다면 분실 또는 도난시 보상을 받을 수 없다.

여행 중 여행자 수표를 현금화할 수 있는 곳은 현지의 여행사, 우체국 또는 은행 등이다. 가능한 은행에서 바꾸는 것이 수수료가 절약된다. 수표를 발급한 은행과 같은 은행에서라면 수수료를 지불하지 않는다. 미국이나 유럽의 백화점 등 일부 대형 상점에서는 상품을 구입할 때 여행자 수표를 현금처럼 받는 곳도 있다. 그러나 매입 수수료가 있는지 또 있다면 그 수수료 적용 비율은 얼마인지 미리 확인해보는 것이 안전하다.

- Can I pay in traveler's checks? 여행자 수표로 지불할 수 있나요?
- How much is the service charge? 수수료는 얼마인가요?

2 Can I exchange foreign currency here?
여기서 외화를 환전할 수 있나요?

환전하거나 또는 환전할 수 있는 창구를 찾을 때 사용하는 표현이다.

- 외화를 환전하고 싶습니다.
  I would like to exchange some foreign currency.

- 어디서 외화를 환전할 수 있나요?
  Where can I exchange some foreign currency?

3 I would like to send some money overseas.
외국으로 송금하고 싶습니다.

송금할 때 사용할 수 있는 표현이다.

- 워싱턴으로 송금하고 싶습니다.
  I would like to send some money to Washington.

- 금액을 이 계좌로 보내고 싶습니다.
  I want to send some money to this account.

4,5

I would like to withdraw money from my account.
계좌에서 돈을 인출하고 싶습니다.

I would like to deposit some money into my account.
계좌에 돈을 예금하고 싶습니다.

은행에서 금액을 인출하거나 또는 예금하고자 할 때 사용하는 표현들이다.

- 계좌에서 돈을 인출하려고 합니다.
  I am going to take some money out of my account.

- 계좌에 돈을 입금하기를 원합니다.
  I want to put some money into my account.

- 미화 500달러를 나의 계좌에 예금하고 싶습니다.
  I would like to deposit $500 into my account.

이런 상황에는   이렇게 대화하자!

Situation Dialog

A: How can I help you?

B: I'd like to deposit this check.

A: Can I have your account number, please?

B: Here is my debit card.

A: Thank you. Could you sign the back of the check, please?

B: Sure. … … How long will it take for the check to clear?

A: It usually takes two or three business days. Is there anything else I can do for you?

B: No, thank you. That's all for today.

A: 어떻게 도와드릴까요?
B: 수표를 입금하려 합니다.
A: 계좌 번호를 알려 주시겠습니까?
B: 저의 현금 카드가 여기 있습니다.
A: 감사합니다. 수표 뒷면에 서명을 해주시겠습니까?
B: 그러죠 … 그런데 수표가 현금화되려면 얼마나 걸리나요?
A: 수표가 현금화되기까지는 대개 이삼일 걸립니다. 더 필요하신 것이 있나요?
B: 없습니다. 오늘은 이게 전부입니다.

Survival Listening

1. How much would you like to withdraw?

2. How much would you like to exchange?
How much money would you like to change?

3. How much would you like to cash?

4. How much would you like to deposit today?

5. How much would you like to send?
How much would you like to transfer?

1. 얼마를 인출하고 싶으십니까?
2. 얼마를 환전하기를 원하십니까?
3. 얼마를 현금으로 바꾸시겠습니까?

4. 오늘 얼마를 예금하시겠습니까?
5. 얼마를 송금하시고 싶으십니까?

Chapter 07

건강 및 긴급 상황

긴급상황에서도 당황하지 말자! ─────

건강 및 진료

📍 Travel Vocabulary

- **prescription** 처방전
  - medication 약
  - painkiller 진통제
  - antibiotic 항생제
  - disinfectant 살균제, 소독약

- **allergic** 앨러지가 있는
  - food poisoning 식중독
  - body ache 몸살
  - fever 열
  - dizzy 어지러운, 현기증이 나는

- **swollen / swelling** 부종
  - diarrhea 설사
  - dizziness 현기증
  - bruise 타박상
  - fracture 골절

- **anemia** 빈혈
  - diabetes 당뇨병
  - appendicitis 맹장염
  - pneumonia 폐렴

KEY EXPRESSIONS

1. 가장 가까운 병원이 어디 있습니까?

   Where is the nearest hospital?

2. 두통이 있습니다.

   I have a headache.

3. 목이 아픕니다.

   I have a sore throat.

4. 열이 있습니다.

   I have a fever.

5. 설사가 납니다.

   I have diarrhea.

6. 몸이 가려워요.

   I feel itchy.

7. 발목을 삐었어요.

   I sprained my ankle.

1   Where is the nearest hospital?
가장 가까운 병원이 어디 있습니까?

여행 중에 갑자기 몸이 아프거나 급히 병원 치료를 받아야 할 때 사용할 수 있는 표현이다.

- 저를 병원에 좀 데려다 주시겠습니까?

  ## Can you take me to the hospital, please?

- 저를 가장 가까운 병원으로 데려다 주시겠습니까?

  ## Could you take me to the nearest medical center?

병원에서 처방을 받은 후, 약국을 찾거나 약을 사고자 할 때 사용하는 표현이다. 미국과 유럽의 경우 아스피린이나 진통제 등은 약국이나 일반 수퍼마켓에서 처방전 없이 구입이 가능하다.

- 이 근처에 약국이 있나요?

  ## Is there a pharmacy nearby?

- 약을 살 수 있는 곳이 있나요?

  ## Is there any place where I can buy medicines?

- 아스피린을 사고 싶습니다.

  ## I would like some aspirin please.

TRAVEL INFORMATION

여행자 보험

여행자 보험은 여행 중에 발생할 수 있는 사고, 또는 질병 등에 대비한 일종의 종합 보험이다. 특히 해외 여행은 국내 여행과는 달리 예상하지 못한 위험이나 사고에 노출될 가능성이 많다. 외국 여행 중 다치거나 병에 걸렸을 경우 해당국에서 보험 혜택을 받을 수 없으므로 비용이 많이 나온다. 따라서 여행 출발 전에 여행자 보험은 반드시 들 것을 권한다. 여행자 보험은 종류에 따라 보상을 받을 수 있는 액수와 범위가 다양하므로, 여러 종류의 보험을 자세히 비교해 본 후 본인에게 가장 적합한 보험을 드는 것이 안전하다. 치료 비용은 본인이 직접 지불해야 하며, 귀국 후 의사의 소견서, 치료비 명세서 등, 필요한 서류를 제출하여 환급받을 수 있다.

2 I have a headache.
두통이 있습니다.

머리나 배 등, 몸이 아픈 증상을 나타내는 문장들이다. 전문적인 의학 용어라기 보다는 증상을 설명하는 일상적인 표현이다.

- 배가 아픕니다.
  I have a stomachache.

- 허리가 아픕니다.
  I have a backache.

- 치통이 있습니다.
  I have a toothache.

3 I have a sore throat.
목이 아픕니다.

목 감기 또는 코감기 증상이 있을 때 사용할 수 있는 표현이다.

- 혀가 부었어요.
  I have a swollen tongue.

- 코가 막혔어요.
  I have a stuffy nose.

- 콧물이 납니다.
  I have a runny nose.
  My nose is running.

I have a fever.
열이 있습니다.

열이나 오한 또는 기침이 나는 경우에 대한 표현이다.

- 기침이 나고 열이 있습니다.
  I have a cough and a fever.

- 한기가 듭니다.
  I feel chilly.
  I am chilly.
  I am having chills.

5 I have loose bowels.
설사가 납니다.

설사, 구토 또는 소화 불량인 증상을 설명하는 표현이다.

- 설사로 고생하고 있어요.
  I am suffering from diarrhea.

- 토할 것 같아요.
  I feel like vomiting.
  I feel like throwing up.

- 소화 불량에 걸렸어요.
  I have indigestion.
  I am suffering from indigestion.

6 I feel itchy.
몸이 가려워요.

가려움이나 종기를 설명하는 표현이다.

- 얼굴에 종기가 났어요.
  I have a rash on my face.

7   I sprained my ankle.
발목을 삐었어요.

타박상, 찰과상 또는 골절상 등의 증상을 설명하는 표현이다.

- 다리가 부러졌어요.
  I have broken my leg.

- 팔이 부러진 것 같아요.
  I think I have broken my arm.

- 스케이트보드를 타다가 발목을 삐었어요.
  I twisted my ankle while skateboarding.

- 계단에서 넘어져서 발목을 삐었어요.
  I fell down the stairs and sprained my ankle.

- 에스컬레이터에서 넘어졌는데 다리에 심한 통증이 있어요.
  I fell down an escalator and have a sharp pain in my leg.

- 자전거를 타다가 넘어져 얼굴과 팔에 타박상을 입었어요.
  I fell off my bike and bruised my face and arm.

Situation Dialog

A: What problem do you have?

B: I have been suffering from a terrible headache since yesterday.

A: Have you got any other problems?

B: I also have a fever and a sore throat.

A: Let me check your pulse and your temperature. … … Your pulse is normal. … … You have a slight fever, which is one of the common symptoms of a cold, but there are no serious problems. I will write you a prescription. Please take this to a pharmacy.

B: Thank you. Is there any advice you have for me?

A: Drink a lot of water and rest. You will be okay in a few days.

B: Thank you very much.

A: 어디가 아프신가요?

B: 어제부터 두통이 매우 심합니다.

A: 다른 증상은 없나요?

B: 열이 있고 목도 아픕니다.

A: 맥박과 열을 재겠습니다. … 맥박은 정상입니다. … 열이 조금 있군요. 감기의 흔한 증상 중의 하나입니다. 다른 심한 증상을 없습니다. 처방전을 써 드리겠습니다. 약국에 가져 가시면 됩니다.

B: 감사합니다. 주의해야 할 것은 없나요?

A: 물을 많이 마시고 휴식을 취하세요. 며칠 내로 괜찮아지실 것입니다.

B: 감사합니다.

1. What can I do for you?

2. What is troubling you?

3. What is the problem?

4. Can you tell me what the problem is?

5. Do you have an appointment with the doctor?

6. Do you want to make an appointment with a doctor?

7. How long have you had a fever?

8. When did the pain start?

9. Can I see your prescription, please?

  * 의사의 처방전으로 약국에서 약을 구입하려 할 때 약사로부터 들을 수 있는 표현이다.

1. 어떻게 오셨나요?
2. 어디가 아프신가요?
3. 어디가 아프십니까?
4. 어디가 아픈지 말씀해주시겠어요?
5. 의사와 약속이 되어 있나요?

6. 의사와 약속을 정하기를 원하십니까?
7. 언제부터 열이 나기 시작했나요?
8. 통증이 언제 시작되었나요?
9. 처방전을 보여주시겠어요?

도난 및 분실

📍 TRAVEL VOCABULARY

- **theft** 절도, 도난
  theft report 도난 신고

- **burglar** 절도범
  burglary 절도

- **robbery** 강도
  mugger (노상) 강도
  mugging 강도짓
  a mugging victim 강도 피해자

- **shoplifting** 상점에서 물건을 훔치는 것
  shoplifter 상점 도둑

- **pickpocket** 소매치기
  thief 도둑
  criminal 범죄자

- **victim** 피해자
  witness 목격자
  lost and found 분실물 신고 센터

1. 내 생각엔 지갑을 택시에 두고 내린 것 같아요.

I think I left my wallet in the taxi.

2. 지하철에서 소매치기 당했어요.

I got pickpocketed on the subway.

3. 분실물 신고 센터를 찾고 있습니다.

I am looking for the lost and found.

4. 도난 신고를 하고 싶습니다.

I would like to report a theft.

5. 이 번호로 연락해주세요.

Please contact me at this number.

6. 경찰을 좀 불러주시겠어요?

Can you call the police, please?

7. 실례합니다. 한국 대사관이 어디 있는지 아십니까?

Excuse me, do you know where the Korean Embassy is?

1 I think I left my wallet in the taxi.
내 생각엔 지갑을 택시에 두고 내린 것같아요.

가방이나 지갑 등 소지품을 잃어버렸을 때 이를 표현하는 문장이다. 주로 사용되는 동사는 lost 외에도 leave, left, 또는 is gone 등이 있다.

- 가방이 없어졌어요.
  My bag is gone.

- 지갑이 없어졌어요.
  My wallet is gone.

- 신용카드를 잃어버렸어요.
  I lost my credit card.

- 여권을 잃어버렸어요.
  I have lost my passport.

- 가방을 기차에 두고 내렸어요.
  I left my bag on the train.

- 지갑이 없어졌어요. 하지만 언제 어디서 잃어버렸는지 기억이 나지 않아요.
  My purse is gone, but I don't remember when and where I lost it.

TRAVEL INFORMATION

어떤 경우에서건 사건 사고는 대처보다 예방이 우선이다. 여행지에서는 항상 소지품에 각별한 주의를 기울여야 한다. 지나치게 친절한 사람이나, 호의를 가장하여 의도적으로 가깝게 접근하는 사람 등은 일단 경계심을 가지고 대처해야 한다. 단체 여행인 경우 무리에서 혼자 따로 떨어지지 않도록 주의한다.

지갑에는 꼭 필요한 내용물만 넣고, 경비는 가능한 한 그날 필요한 액수만 지니고 다니도록 한다. 신용카드, 현금, 그리고 여권 등은 여러 곳에 분산해서 소지한다. 비상금 또한 별도의 장소에 보관할 것을 권한다. 카드 분실 신고 번호와, 사고를 당했을 때 도움을 청할 수 있는 현지 영사관의 연락처를 갖고 있어야 한다. 어쩔 수 없이 사고를 당해 여권 또는 여행 경비를 잃어버렸을 때는 현지 대사관이나 영사관에 연락을 하여 도움을 청한다. 여권은 임시 여행 증명서를 발급받을 수 있으며, 여행 경비를 잃었을 때는 한국에서 지인이 필요한 금액을 외교부 계좌로 입금하고 현지 공관이 이를 확인한 후, 그 경비를 지급받을 수 있다.

2 I got pickpocketed on the subway.
지하철에서 소매치기 당했어요.

- 내 가방을 도난당했어요.
  My suitcase has been stolen.
  My suitcase was stolen.

- 만원 버스에서 지갑을 소매치기 당했어요.
  My pocket was picked in a crowded bus.

- 길에서 강도를 당했어요.
  I was mugged on the street.

- 은행 앞에서 지갑을 강도 당했어요.
  I was robbed of my wallet in front of the bank. / My wallet was stolen in front of the bank.

- 누군가 내 신용카드를 훔쳐갔어요.
  Someone stole my credit card.

3   I am looking for the lost and found.
분신물 신고 센터를 찾고 있습니다.

- 분실물 신고 센터가 어디있나요?
  Where is the lost and found?

- 분실물 신고 센터가 어디있나요?
  Where can I find the lost and found?

4   I would like to report a theft.
도난 신고를 하고 싶습니다.

- 카드 분실 신고를 하고 싶습니다.
  I would like to report a lost card.

- 강도 사건을 신고하고 싶습니다.
  I would like to report a robbery.

- 폭행 사건을 신고하고 싶습니다.
  I would like to report an assault.

5

Please contact me at this number.
이 번호로 연락해 주세요.

분실물 센터에 본인의 연락처를 남기고자 할 때 사용할 수 있는 표현이다.

- 이 주소로 연락해 주세요.
  Please contact me at this address.

- 제 가방을 발견하면 이 번호로 연락해 주세요.
  Please contact me at this number if you find my bag.

- 제 여권을 발견하면 이 번호로 저에게 연락해주세요.
  Please call me at this number when you find my passport.

- 제 가방을 찾으면 이 주소로 저에게 연락해주세요.
  Please contact me at this address when you find my suitcase.

6

Can you call the police, please?
경찰을 좀 불러주시겠어요?

- 경찰을 좀 불러주세요.
  Call the police, please.

- 경찰을 불러야겠어요.
  I am going to call the police.

- 이 사건을 경찰에 신고하고 싶습니다.
  I'd like to report an accident to the police.

- 우리는 이 사건을 경찰에 신고해야 할 것 같아요.
  I think we have got to report it to the police.

7

Excuse me, do you know where the Korean Embassy is?
실례합니다, 한국 대사관이 어디있는지 아십니까?

한국 대사관의 주소 또는 전화 번호를 찾고자 할 때.

- 한국 대사관이 어디있는지 아십니까?
  Can you tell me where the Korean Embassy is?

- 한국 대사관이 언제 문을 여는지 아십니까?
  Can you tell me when the Korean Embassy is open?

- 한국 대사관 전화 번호가 몇번입니까?
  What is the number for the Korean Embassy?
  Do you know the number for the Korean Embassy?
  Can you please tell me the number for the Korean Embassy?

Situation Dialog ☐

A: Jesus!

B: What's wrong?

A: I think I left my purse in the taxi.

B: What did you have in your purse?

A: I had a credit card and a small amount of money in it.

B: What about your passport? You still have it with you, don't you?

A: Yes, I do. I keep it in my inside pocket. I do not keep everything in one place, especially when I travel.

B: Good for you. What credit card did you have in your purse?

A: I had a Visa card in it.

B: You'd better hurry and report the card missing.

A: 이런!

B: 무슨 일이야?

A: 택시에 지갑을 두고 내린 것 같아.

B: 지갑 안에 무엇이 있었는데?

A: 신용 카드하고 약간의 돈이 들어 있었어.

B: 여권은 어떻게 됐어? 여권을 잃어버린 것은 아니겠지?

A: 아니야, 여권은 있어. 여권은 안주머니에 보관하거든.
   나는 한 곳에 모든 것을 다 보관하지는 않아, 특히 여행할 때는 더 그래.

B: 다행이야. 지갑에 있던 신용카드는 어떤 종류야?

A: 비자 카드였어.

B: 서둘러, 카드 분실 신고를 해야지.

1. What was taken?
2. What was stolen?
3. Where did you lose your passport?
4. When did you lose your credit card?
5. When and where did you lose your belongings?
6. Please make out a theft report.

1. 무엇을 도난 당하셨나요?
2. 무엇을 잃어 버렸습니까?
3. 여권을 어디서 잃어버리셨나요?
4. 신용 카드를 어디서 잃어버리셨나요?
5. 소지품을 언제 어디서 잃어버리셨나요?
6. 도난 신고서를 작성해주세요.

Chapter 08

귀국

드뎌, 안전하게 집으로 고고씽!

Unit 24. 귀국 항공편 확인 및 변경

귀국 항공편 확인 및 변경

TRAVEL VOCABULARY

- **confirm** 확인하다
- **confirm a flight reservation** 항공편 예약을 확인하다
- **alter / revise / change** 고치다, 변경하다
- **change a schedule** 일정을 변경하다
- **change a flight reservation** 항공편 예약을 변경하다
- **change a departure date** 출발 날짜를 변경하다
- **change a flight time** 비행 시간을 변경하다
- **reschedule** 재조정하다
- **reschedule a flight** 비행 일정을 재조정하다
- **cancel** 취소하다
- **cancel a flight reservation** 항공편 예약을 취소하다

KEY EXPRESSIONS

1. 나의 항공편 예약을 확인하고 싶습니다.

I would like to confirm my flight reservation.

2. 항공편 예약을 취소하고자 합니다.

I'd like to cancel my flight reservation.

3. 항공편 예약을 변경하고 싶습니다.

I would like to change my flight reservation.

4. 비행 일정을 바꾸려면 수수료를 지불해야 하나요?

Is there any charge for changing my flight schedule?

1 I would like to confirm my flight reservation.

나의 항공편 예약을 확인하고 싶습니다.

귀국 항공편을 확인하거나 변경 또는 취소하고자 할 때의 표현이다. 그외의 공항에서 사용할 수 있는 표현들은 Chapter 1 공항편에서 학습한 표현과 동일하다.

- 702 항공편 예약을 확인하고 싶습니다.
  I want to confirm my reservation on Flight 702.

- LA에서 대한민국 인천공항으로 가는 702 항공편 예약을 확인하고 싶습니다.
  I want to confirm my reservation on Flight 702 from LA to Incheon, South Korea.

- 8월 10일자 한국으로 귀국하는 비행편을 확인하고 싶습니다.
  I want to confirm my return flight to Korea on August 10th.

TRAVEL INFORMATION

- 귀국하기 2–3일 전에는 귀국 항공권에 기록된 귀국 날짜와 출발 시간을 한 번 더 확인해두는 것이 안전하다.

- 장기간 체류를 위해 귀국 날짜가 정해지지 않은 open ticket을 갖고 있다면 귀국 한달 전 또는 늦어도 2–3 주 전에는 항공편을 예약해야 한다.

- 여행을 시작할 때 세웠던 계획 일정은 가능한 바꾸지 않는 것이 좋다. 피치못할 사정으로 일정을 변경해야 할 경우, 원하는 시간과 날짜의 항공권을 구하지 못할 수도 있으므로 신중을 기해야 한다. 대부분의 경우 항공권 변경을 위한 추가 비용을 지불해야 한다.

- 공항으로 출발 전에 여권, 항공권 및 소지품 등을 호텔이나 숙소에 두고 나오지 않도록 반드시 확인 또 재확인한다.

2 I'd like to cancel my flight reservation.
항공편 예약을 취소하고자 합니다.

항공권을 취소해줄 것을 요청하는 표현이다.

* 항공편 예약을 취소해주시겠습니까?
  Would you please cancel my flight reservation?

* 저의 7월 12일자 항공편 예약을 취소하고 싶습니다. 가능할까요?
  I want to cancel my flight reservation on July 12th.
  Would that be possible?

3 I would like to change my flight reservation.
항공편 예약을 변경하고 싶습니다.

예약 일정을 변경해 줄 것을 요청하는 표현이다.

* 출발 날짜를 바꿀 수 있을까요?
  Can I change my departure date?

* 비행 일정을 재조정하고 싶습니다.
  I'd like to reschedule my flight.

* 4월 21일 747 항공편 예약을 변경하고 싶습니다.
  I would like to change my flight reservation for Flight 747 on April 21st.

* 7월 15일자 인천행 항공기 505편을 예약했습니다. 날짜를 바꿀 수 있을까요?
  I have a reservation on Flight 505 for Incheon on July 15th. Can I change the date?

4 Is there any charge for changing my flight schedule?

비행 일정을 바꾸려면 수수료를 지불해야 하나요?

일정을 바꿀 때 추가 요금이 있는지 문의하는 표현이다.

• 항공편 예약을 변경하고자 합니다. 추가 요금은 얼마를 지불해야 합니까?
  I want to change my flight reservation. How much extra will I have to pay?

• 항공편 예약을 변경하고 싶습니다. 추가 요금을 지불해야 합니까?
  I would like to change my flight reservation. Will I have to pay an additional charge?

Situation Dialog ☐

A: Hello, I have a flight reservation for Incheon. I wonder if I can change it.

B: Could you tell me your name and confirmation number?

A: My name is Daniel Jung and my confirmation number is KA4523.

B: I will check for you, Mr. Jung. Reservation number KA4523. … You are scheduled to depart from Washington at 10:25 a.m. on the 11th of July. What would you like to change?

A: I need to depart one day earlier. Are any flights available on Monday?

B: Yes, there is a flight available on Monday afternoon. You can leave at 2:30 p.m. on the 10th of July.

A: Okay, I'd like to change to that flight. Will I have to pay an extra fee?

B: The change fee is $75 dollars.

A: That will be fine. I will pay with my credit card.

B: Thank you. Now, your new confirmation number is KA6287. Your new departure time is 2:30 p.m. on Monday, July 10th.

A: 인천행 항공편 예약을 했습니다. 일정을 변경할 수 있는지 알고 싶습니다.

B: 성함과 예약 번호를 말씀해주시겠습니까?

A: 저의 이름은 다니엘 정입니다. 예약 번호는 KA4523 이구요.

B: 확인해드리겠습니다, 미스터 정. 예약 번호 KA4523 ⋯ 7월 11일 오전 10시 25분에 워싱턴에서 출발하는 것으로 예정되어 있군요. 어떻게 변경하고 싶으신가요?

A: 하루 일찍 출발해야 합니다. 월요일 비행기가 있나요?

B: 네, 월요일 오후에 비행기가 있습니다. 7월 10일 오후 2시 30분에 출발하실 수 있습니다.

A: 좋습니다, 그것으로 하겠습니다. 수수료를 지불해야 하나요?

B: 변경 수수료는 75달러입니다.　　A: 알겠습니다. 신용 카드로 지불하겠습니다.

B: 감사합니다. 고객님의 새 예약 번호는 KA6287입니다. 변경된 출발 시간은 7월 10일 월요일 오후 2시 30분입니다.

Survival Listening

1. Do you have your reservation number?

2. Can you tell me your reservation number?

3. What do you want to change?

4. What day would you like to depart?

5. Your flight is confirmed. / Your flight has been confirmed.

6. Your flight is confirmed for the 17th of June, Flight BA747, and your departure time is 4:15 pm.

7. You are confirmed on Flight CA623 from London to Incheon at 2pm on the 5th of May.

8. Your flight has been canceled.

---

1. 예약 번호를 가지고 계십니까?
2. 예약 번호를 말씀해 주시겠습니까?
3. 어떻게 변경하고 싶으십니까?
4. 어느 날짜에 출발하고 싶으십니까?
5. 귀하의 항공편이 확인되었습니다.

6. 귀하의 6월 17일자 BA747 항공편이 확인되었습니다. 출발 시간은 오후 4시 15분입니다.
7. 귀하의 5월 5일자 오후 2시 런던 출발 인천 도착 CA623 항공편이 확인되었습니다.
8. 귀하의 항공편이 취소되었습니다.

Chapter 09

시간 및 날씨

BACKPACKING

BUSINESS TRAVEL

TOURS FOR SENIORS

HIKING

HONEYMOON TOURS

FAMILLY TRAVEL

BEACH TOURS

시간과 날씨 말하기! ——————

Unit 25. 시간, 날짜, 및 날씨 표현

시간, 날짜, 및 날씨 표현

시간 및 날씨

Unit 25

📍 Travel Vocabulary

시간을 나타내는 어휘

- **noon** 정오, 낮 열두시 (12 p.m.)
  midnight 자정, 밤 열두시 (12 a.m.)

- **morning** 아침 (from midnight to midday)
  night 밤, 야간 (from sunset to sunrise)

- **afternoon** 오후 (between noon and evening)

  evening 저녁, 밤(around sunset)
  * evening은 대략적인 시간 구분이다. 정확히 언제 시작하고 끝나는지에 관한 명확한 기준은 없다.

날씨를 나타내는 어휘

- **clear / sunny / bright** 날씨가 맑은, 화창한

  cloudy / overcast 흐린, 구름이 낀

- **warm** 따뜻한
  hot 더운   sizzling 타는듯이 더운
  humid 습한   muggy 후덥지근한

- **cool** 시원한
  cold 추운   chilly 쌀쌀한
  frigid / freezing 몹시 추운, 꽁꽁 어는

- **windy** 바람이 부는
  rainy 비가 내리는   stormy 폭풍우가 치는
  gloomy 음울한

- **foggy / hazy / misty** 안개가 낀
  frosty 서리가 내린

- **shower** 소나기
  drizzle 이슬비   lightening 번개
  thunder 천둥

1. 몇시인가요?

What time is it?

2. 지금은 11시 20분입니다.

It is eleven twenty now.

3. 오늘은 5월 25일입니다.

Today is the 25th of May. / Today is May 25th.

4. 오늘은 날씨가 어떤가요?

How is the weather today?

5. 오늘은 날씨가 화창합니다.

It is sunny today.

1 What time is it?
몇 시인가요?

시간을 물을 때는 What time~?으로 문장을 시작한다. 문장 첫머리에 Do you know~? 또는 Can you tell me~? 등의 표현을 사용할 수 있다.

- 몇시인가요?
  What time is it?

- 몇시인지 아십니까?
  Do you know what time it is?

- 시간을 좀 말해주시겠습니까?
  Could tell me the time please?

2 It is eleven twenty now.
지금은 11시 20분입니다.

시간 표현은 시간과 분을 순서대로 표현하거나, 또는 to나 past를 사용해서 표현하는 방법이 있다.

- 지금은 3시 5분입니다.
  It is five past three now.

- 지금은 7시 15분 전입니다.
  It is now a quarter to seven.

① 몇 시 몇 분은 순서대로 표현한다.
  10시 15분 – Ten fifteen   9시 45분 – Nine forty five

② 분을 시보다 먼저 표현할 때는 past로 나타낸다.
  1시 30분 – Half past one   2시 15분 – Quarter past two

③ 전은 to로 표현한다.
  Ten to five – 5시 10분 전   Five to three – 3시 5분 전

날짜를 표현하는 방법은 영국 영어와 미국 영어가 각각 다르게 표현한다. 하지만 의사 소통에는 문제가 없으므로, 어느 방식을 사용해도 무방하다. 단, 표현의 일관성을 유지할 것을 권한다.

- 오늘은 3월 1일 입니다.
  ### Today is the first of March.
- 오늘은 7월 3일입니다.
  ### It is the third of July today.
- 오늘은 10월 21일입니다.
  ### Today is October 21st.

날짜 표현

날짜	영국식	미국식
4월 1일	The first of April	April first
7월 15일	The fifteenth of July	July fifteenth
8월 29일	The twenty-ninth of August	August twenty-ninth
2016년 3월 10일	The tenth of March, 2016	March tenth, 2016
2019년, 10월 12일, 토요일	Saturday, the twelfth of October, 2019	Saturday, October twelfth, 2019

4 How is the weather today?
오늘은 날씨가 어떤가요?

날씨를 묻는 질문은 의문사 how 또는 what을 사용하여 표현할 수 있다.

- 프라하의 오늘 날씨는 어떤가요?

  What is the weather like today in Prague?

- 당신 나라의 날씨는 어때요?

  How is the weather in your country?

- 바깥 날씨는 어때요?

  How is the weather outside?

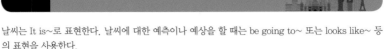

날씨는 It is~로 표현한다. 날씨에 대한 예측이나 예상을 할 때는 be going to~ 또는 looks like~ 등의 표현을 사용한다.

- 오늘은 날씨가 무더워요.
  It is hot and humid today.

- 날씨가 추워지고 있어요.
  It is getting cold.

- 하루 종일 흐렸어요.
  It has been cloudy all day.

- 내일은 비가 올 것 같아요.
  It is going to rain tomorrow.

- 눈이 올 것 같아요.
  It looks like snow.

- 외출했다가 소나기를 만났어요.
  I was caught in a shower when I was out.

Situation Dialog ☐

A: I am planning to go hiking this weekend. Do you want to join me?

B: Ok, if you go, I will go with you. By the way, do you know how the weather is going to be?

A: According to the weather forecast, it will be sunny and warm.

B: Great, it will be perfect weather for hiking, won't it?

A: Yes, it sounds like it will be.

A: 이번 주말에 하이킹을 갈 계획이야. 너도 함께 갈래?

B: 좋아. 네가 간다면 나도 갈께. 그런데 날씨가 어떤지 알고 있어?

A: 일기예보에 의하면, 주말에는 맑고 따뜻할 것이라고 했어.

B: 잘됐네. 하이킹하기에는 완벽한 날씨지. 안그래?

A: 맞아. 그런 것 같아.

Survival Listening

1. It's getting colder.

2. It is cold and windy.

3. It's hot and humid.

4. It's cloudy, but there's no rain.

5. The temperature outside is minus 5 degrees.

6. It will be cloudy with occasional showers during the day.

7. Isolated showers will be possible this afternoon.

   * occasional showers 가끔씩 내리는 소나기   isolated showers 지역에 따라 내리는 소나기

8. A partly cloudy and warm day is expected.

9. Overnight temperatures will probably drop to at least minus six.

---

1. 날씨가 점점 더 추워지고 있어요.
2. 날씨가 춥고 바람이 많이 불어요.
3. 날씨가 덥고 습기가 많아요.
4. 날씨가 흐립니다. 하지만 비가 오지는 않아요.
5. 바깥 온도는 영하 5도입니다.
6. 낮 동안에 구름이 끼고 가끔씩 소나기가 내릴 것입니다.

7. 오늘 오후 지역에 따라 소나기가 내리는 곳이 있을 것입니다.
8. 부분적으로 흐리고 따뜻한 날이 될 것으로 예상됩니다.
9. 밤기온은 최소 영하 6도까지 내려갈 것입니다.

INDEX

찾아보기

272

신용카드를 잃어버렸어요.   U23 – E1
실례합니다. 한국 대사관이 어디있는지 아십니까?

                                              U23 – E7

아동복 매장이 어디 있는지 말씀해 주시겠어요?

                                              U15 – E3
아동용 식사가 가능한가요?   U2 – E4
아스피린을 사고 싶습니다.   U22 – E1
아직 결정하지 않았어요. 시간을 몇 분 더 주시겠어요?

                                              U13 – E5
아직 식사가 끝나지 않았어요.   U14 – E6
아직 식사중입니다.   U14 – E6
아직 주문할 준비가 되지 않았어요. 시간을 몇 분 더 주시
겠어요?   U13 – E5
아침 식사는 언제 제공하나요?   U12 – E2
아침 식사로는 어떤 음식이 제공됩니까?   U2 – E3
약을 살 수 있는 곳이 있나요?   U22 – E1
어느 게이트에서 출발합니까?   U4 – E1
어느 노선이 워싱턴 기념관으로 가나요?   U6 – E3
어느 버스가 시립 박물관으로 갑니까?   U7 – E2
어느 역에서 갈아타야 하나요?   U6 – E4
어느 역에서 내려야 합니까?   U6 – E4
어느 역에서 환승해야 하는지 말씀해주시겠어요?

                                              U6 – E4
어느 출구로 가야 하나요?   U6 – E5
어디서 외화를 환전할 수 있나요?   U21 – E2
어디서 이것을 입어볼 수 있나요?   U15 – E5
어디서 지하철을 탈 수 있나요?   U6 – E1
어디서 택시를 타야 하는지 아닙니까?   U8 – E2
어디서 표를 구입할 수 있나요?   U19 – E4
어디선가 지갑을 잃어버린 것 같아요.   U23 – E2
어떤 음식이 있나요?   U2 – E3
어떤 종류의 자동차가 있나요?   U9 – E3
어떤 크기의 자동차가 있나요?   U9 – E3
어린이들의 입장료는 얼마입니까?   U19 – E1

언제 도착하는지 말씀해 주시겠어요?   U3 – E5
얼룩이 몇 군데 있는 것을 발견했어요.   U17 – E5
얼마나 기다려야 하나요?   U13 – E3
얼마나 더 오래 기다려야 하나요?   U13 – E3
얼마나 머나요?   U18 – E4
얼마나 오래 걸리나요?   U20 – E4
얼마 동안 기다리면 되나요?   U8 – E6
얼마입니까?   U20 – E3
얼마를 지불해야 하나요?   U8 – E5
에어컨을 켜 주시겠어요?   U12 – E7
에어컨이 작동하지 않아요.   U12 – E7
여권을 잃어버렸어요.   U23 – E1
여기가 내가 내릴 정류소입니다.   U7 – E5
여기가 워싱턴으로 가는 열차 플랫폼인가요?   U6 – E3
여기 버스가 얼마나 자주 오나요?   U7 – E3
여기서 가장 가까운 버스 정류소가 어디 있나요? U7 – E1
여기서 공항까지는 어떻게 가나요?   U12 – E4
여기서 기다려주시겠어요?   U8 – E7
여기서 먼가요?   U18 – E4
여기서 몇 정거장이 남아 있나요?   U6 – E4
여기서 숄더백을 판매하나요?   U15 – E3
여기서 시내까지는 어떻게 가나요?   U12 – E4
여기서 시드니까지 몇 시간 걸리나요?   U3 – E5
여기 잠시 멈추어 주시겠습니까?   U8 – E7
여기 차를 세워 주세요.   U8 – E7
여러 번 방문한 적이 있습니다.   U5 – E3
여행자 수표를 구입할 수 있나요?   U21 – E1
여행자 수표를 사용할 수 있나요?   U16 – E7
여행자 수표를 현금으로 바꾸고 싶습니다.   U21 – E1
여행자 수표 일부를 현금으로 바꾸고 싶습니다. U21 – E1
역으로 가는 택시를 보내주시겠습니까?   U8 – E5
연결 비행기 탑승권은 어디서 받나요?   U4 – E4
연결편 비행기를 얼마나 기다려야 하나요?   U4 – E2
연결편 비행기를 놓쳤습니다. 어떻게 해야하나요?

                                              U4 – E5
연비가 좋은 차를 원합니다.   U9 – E3
열이 있습니다.   U22 – E4